우리
아이에게
정말 필요한
것은

우리 아이에게 정말 필요한 것은

1판 1쇄 발행 2015년 10월 15일
1판 2쇄 발행 2021년 4월 15일

지은이 문중호
펴낸이 이윤규

펴낸곳 유아이북스
출판등록 2012년 4월 2일
주소 서울시 용산구 효창원로 64길 6
전화 (02) 704-2521
팩스 (02) 715-3536
이메일 uibooks@uibooks.co.kr

ISBN 978-89-98156-48-0 03370
값 14,000원

• 이 도서의 국립중앙도서관 출판시도서목록(CIP)은 서지정보유통지원시스템 홈페이지(http://seoji.
  nl.go.kr)와 국가자료공동목록시스템(http://www.nl.go.kr/kolisnet)에서 이용하실 수 있습니다.
  (CIP제어번호: CIP2015025673)

진로 컨설팅 전문 초등학교 교사가 말하는 **행복 교육론**

우리
아이에게
정말 필요한
것은

문중호 지음

유아이북스
Ubiwise Information

아이들을 위한 작은 변화

우리 아이들에게 정말 필요한 것은 무엇일까?

나 스스로에게 질문을 던져보았다. 너무 광범위하고 막연한 질문이다. 그래서인지 답을 찾기 쉽지 않았다.

사실 자녀교육에 있어 정답은 없다. 다만 최선의 답에 가까이 다가갈 뿐이다. 나는 아이들을 가르치는 교사로서, 또 두 아이를 키우는 부모로서의 두 가지 관점을 동시에 가지고 있다. 때문에 누구보다 좋은 답을 찾을 수 있으리라 생각했다. 그래서 계속 찾고 찾았다. 어느 순간 실오라기 같은 한줄기 희망의 빛이 보이기 시작했다.

이 책이 부디 자녀교육을 위한 희망의 오라토리오oratorio가 되었으면 한다.

사실 처음부터 이런 고상한 질문을 던진 것은 아니었다. 먼저의 관심은 교사로서의 나였다. 교사로서 정말 필요한 것이 무엇인지 고민했다. 그러다가 만나게 된 파생 질문이다.

교사 초년 시절에는 초등학생 가르치는 것을 쉽게 생각했다. 그러나 현실은 녹록치 않았다. 아직 미성숙한 아이들이기 때문이다. 그리고 변화무쌍하다. 아이들은 하루하루 몰라보게 자란다. 부족해 보일지라도 일취

월장하며, 그 모습이 제각각이다. 그런데 나는 초등학교 시절 나의 성장 경험을 유일한 잣대로 사용할 수밖에 없었다. 그래서 요즘 아이들을 이해하기가 더욱 쉽지 않았다.

이런 아이들 속에서 끊임없이 생각하고 연구하지 않으면 가장 먼저 실망하는 것이 교사 자신이다. 실망하고 절망하면 몹시 위태로워진다는 것을 알았다. 안주하기 때문이다. 그래서 더 이상 발전이 없다. 신나지 않는다. 구태의연舊態依然이 된다.

세상은 갈수록 빠르게 변하고, 그곳을 사는 아이들은 더욱 그렇다. 세대를 거듭할수록 말이 통하지 않을 정도다. 그 속에서 교사도, 부모도 정신을 차릴 수가 없다. 날마다 "왜?"라는 질문을 하지 않고 하루를 보낼 수가 없다. 그러나 어느 순간 "왜?"라는 질문도 사라진다. 내가 그랬다. '슈퍼맨도 아닌 내가 도대체 무엇을 어쩌라는 건지….' 한숨만 나왔다.

그럴수록 내가 변해야 했다.

숨 가쁘게 살다 보니 내가 선 교단도 어느덧 생존을 위한 자리가 되었다. 이래선 안 되겠다 싶어 시작한 것이 책읽기다. 책읽기를 통해 많은 영감을 얻을 수 있었다. 교육 관련 서적이 아님에도 내 안에 들어오면 교육적인 내용으로 소화가 되었다. 어느덧 나에게 필요한 아이디어가 되었고, 새롭고 특이한 교육 아이템이 되었다. 신바람이 났다. 아이들에게 정말 필요한 것이라는 생각이 들면, 먹잇감을 물고 새끼들에게 달려가는 어미 새의 심정이 된다고나 할까? 행복한 아이들의 표정을 보면 그날의 피곤이 눈 녹듯 사라졌다.

내가 하는 일은 가르치는 것이므로 배움을 전제하지 않고는 아무것도 할 수 없음을 깨닫게 되었다. 내가 직접 배우고 깨달은 것을 가르칠 때는 그 자체가 생생하다. 나의 말 한마디 한마디에 감동이 느껴진다. 이런 감동이 조금씩 쌓이기 시작했다. 나도 모르게 참신하게 변화하는 스스로를 마주하게 되었다. 우리 교실의 분위기도 어느덧 '생생', '감동', '행복'이라는 수식어가 어색하지 않게 되었다.

변화를 위한 물꼬는 거창한 것에 있지 않다. 작은 불씨가 감당할 수 없는 큰 불덩이가 되듯 말이다.

내가 행복한 마음으로 가르치는 일을 시작하자 더불어 아이들도 행복해졌다. 여전히 많은 행정 업무도 병행해야 했지만 그것이 나의 행복을 어찌할 수는 없었다. 이런 나의 변화와 아이들의 변화, 그리고 행복한 우리의 모습을 나누고 싶었다. 그래서 월요편지를 쓰게 되었고, 그것이 좋은 기회에 책으로 나오게 되었다.

이 책 내용은 결코 거창하지 않다. 하지만 일상 속에서 얻은 나의 깨달음, 우리의 깨달음이 자녀를 키우는 부모들에게 새로운 깨달음으로 이어지리라 믿는다.

시작이 반이라는 말이 있다. 자녀교육의 시작은 '우리 아이에게 정말 필요한 것'을 고민하는 것이다. 그 자체가 자녀교육의 대부분이라고 생각한다. 부모의 관심과 사랑을 먹고 자라는 아이들이 그것을 원하기 때문이다. 되도록 책의 내용을 반복해서 읽고 그 내용을 마음속에 떠올려 주기 바란다. 깨달음이 있다면 실행계획을 세워 실천하면서 말이다.

책에서도 나오겠지만, 부모는 아이들의 페이스메이커다. 아이들이 기복이 있더라도, 뛰는 것을 아예 멈춰버린 상황에도 부모는 변함없이 아이 곁에서 함께할 수 있어야 한다. 아이가 스스로의 힘으로 다시 일어나 꿈을 향해 뛰어가는 그날까지. 꿈을 이루는 그날까지!

문중호

CONTENTS

| 프롤로그 | 아이들을 위한 작은 변화… 4

 Chapter **1**

일상 속 소중함 찾기

아이들의 쉼터 13 3월은 힘차게! 17 모모처럼 21 일상에 축제가 필요하다 25 페이스메이커 29 자연에 가까이 33 진짜 공부는 무엇일까 36 공부가 가장 쉬웠어요? 39 배움의 자세 42 의미를 찾는 공부 45 우리 아이의 경쟁력 47 삶을 바꾸는 칭찬 한마디 49

 Chapter **2**

책으로 떠나는 꿈의 여정

꿈이 뭐기에… 55 꿈을 이루는 수업 58 R=VD 64 꿈의 여정과 준비물 68 꿈의 나침판 GPS 72 꿈을 향한 항법장치 RAS 75 알이즈웰 79 HIS STORY 82 꿈 너머의 꿈 86 아이의 티핑 포인트 88 탁월함이 만드는 차이 91 나만의 한 가지 93 인생을 살맛나게 해주는 것 96 진로테마파크에서 사는 법 100 직업의 세계로 떠나는 여행 103 나만의 꿈꾸는 통장 108 토털 인텔리라는 꿈 112 알파벳도 모르던 축구선수, 변호사 되다 116 제레미 린의 꿈과 도전 그리고 성공 120

Chapter 3

남다른 자세가 필요하다

아이에게 따뜻한 인성을 127 감정의 비밀 131 행복은 스스로 만들어가야 한다 134 긍정의 GPS 137 생각의 크기가 미래를 결정한다 141 이기는 습관 144 실패자가 되지 않으려면 147 무지개 원리 151 올바른 삶의 애티튜드 155 준비하는 삶 158 웃음 163 하는 것이 힘이다 166 카르페 디엠 168 몰입을 위한 마중물 붓기 171 민주적 소통은 경청에서부터 174 생각산책 178 남다른 언어의 위력 182 3의 힘 186

Chapter 4

위대한 만남

위인전 읽기 프로젝트 193 몰입독서: 비상하는 날갯짓의 시작 197 위대한 사람들의 독서 이야기 201 세종대왕을 통해 깨닫다 205 다산처럼 209 안창호의 꿈 211 힐러리의 PDA 214 위대함을 論하는 아이들 218

Chapter 5

거듭나는 교실

학교: 너와 내가 만나 우리가 되는 곳 225 아이가 행복한 교육을 위해 230 깨달음이 있는 교단 232 엄지가 만든 변화 234 생각하는 수업 238 끙끙 훈련 242 다양한 체험이 아이를 바꾼다 246 꿈의 교실 250 여름 이야기 254 한 걸음 더 천천히 간다 해도 괜찮아 257 맛있는 수업 262 학부모 공개수업에 가면 265 2394년에도 생존한다? 269 바람 잡는 특공대 272 어이! 274 억울상자 279 아름다운 알림장 285 유종의 미 288

| 에필로그 | 돌아보면… 292

CHAPTER 1

일상 속
소중함 찾기

살아가다 보면 여기저기서 공들이 날아온다.

우리는 캐치볼의 원리를 기억해야 한다.

원치 않는 것이라고 해서 밀어내지 않고,

끌어안듯 수용해야 한다.

이것이 회복탄력성이다.

이런 사람은 쉽게 상처 받지 않는다.

상처를 받아도 금방 회복한다.

아이들의 쉼터

아이들을 보내고 한참 오후 업무를 서두르는데 작년에 가르쳤던 아이들이 교실을 방문했다. 5학년은 점심시간이지만 4학년은 5교시 수업 중이었기 때문에 만남은 불가능한데도 아이들이 창문 너머로 아는 체를 한다. 아직 학기 초라 작년 1년 동안의 인연을 잊지 못해서일까? 수정이가 창문을 계속 기웃거린다. 수업 중인데도 슬쩍 시선을 주게 되고 결국 문을 열어 악수라도 해주고픈 행복한 귀찮음이다. 나를 그래도 한때 담임이었다고 잊지 않고 찾아주는 아이들이 고맙기도 하면서 '마음이 약해 젖을 떼지 못하는 엄마의 마음이 이런 것일까?' 생각해본다.

수업이 끝나면 2라운드에 돌입한다. 반별로 스카우트 신청서 워드 작업과 진로체험학습 업무 추진 등 오전 수업 때문에 미뤄둔 업무를 하려던 참이었다. 교직원 회의 전에 마무리 짓고자 화장실 가는 것도 미루면서 집중하고 있었는데 다시 들려오는 노크 소리. 시언이와 도은이다. 똘똘이 중의 똘똘이들! 씨익 웃는 아이들의 미소에 내 마음도 무장해제 된 느낌이다. '선생님, 피곤해보이세요!' 시언이의 한마디, 얼굴은 마음의 창이라고 했던가. '너희가 선생님 피로회복제야!'라고 한마디 하려다가 나도 그냥 씨익 웃고 말았다. 작년 마크(일종의 면제권. 우리 반을 대표하는 글이나 그림, 캐릭터 등을 마크선발대회를 통해 뽑아, 우승 작품으로 만듦)를 아직도 지갑에 넣고 다닌단다. 하긴 재작년 아이들도 마크를 기념 삼아 넣고 다닌다고 하니 참 유별나다. 소중한 추억들을 이 마크 한 장에 담고 다니는 걸 보면 내가 아이들을 허투로 가르치지는 않은 것 같다.

아이들을 보내고 이제 좀 의자에 엉덩이를 붙이려나 싶었는데 이번엔 노크 소리와 동시에 문이 열린다. "선생님!" 은빈이다. 까맣고 자그마하지만 성실하고 다정한 은빈이. 고학년이 되었지만 오자마자 내 손을 덥석 잡는다. 우리는 너무나 자연스럽게 악수를 하면서 말로 다 할 수 없는 것들을 텔레파시로 주고받는다. 1년 동안 하교할 때마다 악수를 하다 보니 악수는 일종의 커뮤니케이션이 되었다.

안부를 묻는다는 것이 "수학 재밌니?"라는 말이 나오고 말았다. "수학 재미있어요"라는 의외의 대답에 안심이 되었다. 하교 후 오후 스케줄이 학원이지만 큰 거부감 없이 재미있다고 대답할 수 있는 아이가 과연 얼마나 될까? 다행이다. 제법 공부의 맛을 알고 있으니.

은빈이를 보내자 이번엔 남자 아이들이다. 오늘은 약속이나 한 듯 아이 손님들이 줄을 이었다. 아무 사전 약속도 없이 불쑥 찾아오는 것이 조금은 야속하기도 하다. 도형이와 민태다. 민태는 5학년 과학영재 3인에 뽑혔다고 한다. 적당히 1등을 하는 게 아니라면 오히려 2등이 좋겠다는 내용의 애니메이션처럼 민태는 왕성한 발표력을 되레 억제해야 했다.

도형이는 이보다 더 착할 순 없다. 여자 아이들에게 물으면 남자 아이들은 대부분 인정받지 못하지만 도형이는 예외다. 여자 아이들에게 바르고, 부드럽고, 성실하며, 친절하다는 소리를 듣는다. 그런데 이런 도형이가 고민을 털어놓았다. 일주일 중 월요일이 제일 힘들단다. 이야기인즉슨, 방과 후 한자수업이 있고, 이어서 수영을 가야 하며 학원 스케줄까지 소화하고 귀가하면 밤 10시란다.

이럴 수밖에 없는 현실이 그저 씁쓸할 뿐이다. 그나마 수영은 건강을 위해 즐기면서 할 수 있는 체육활동이고, 한자는 평소 자부심이라고 생각하는 것이니 재미있게 하라는 말로 위로해주었다.

예기치 못한 손님들 때문에 퇴근시간이 늦어졌지만 아이들과 함께하는 학교생활이 참 행복하다. 부족한 내가 아이들의 '쉼터'가 될 수 있다는 사실이 참 감사하다.

아이들은 내 작은 진심을 알아준다.

마음으로 먼저 다가가면 그게 참 고마운가 보다. 내가 준 진심보다 몇 배의 마음으로 화답한다. 아이들이 필요로 하는 것은 마음인 것이다. 인간적이고 따뜻한 말 한마디를 원한다. 때론 말없이 스치듯 지나

더라도 손 내밀어 '짝' 소리 나는 하이파이브 한 번 해주는 것만으로도 그들의 마음을 어루만질 수 있다. 그동안 그렇게 지냈다. 그래서인지 손님들(?)이 많아졌다. 이런 것은 얼마든지 할 수 있을 것 같다. 아이들이 원하는 것이라면 미미한 힘이지만 마지막 힘까지 기꺼이 내어주고 싶다.

3월은 힘차게!

　새 학년 새 학기를 시작하고 한 주가 지났다. 방학 내내 웅크려 있다가 정신없이 돌아가는 하루하루가 아이들에게 버겁지 않았을까? 첫 만남부터 내가 너무 많은 이야기를 퍼부은 건 아닐까? 머릿속이 복잡하다고 말하는 아이도 있었고, 뭔가 특이해서 좋다고 평가한 아이도 있었다. 어쨌든 나의 신념은 '3월은 힘차게!'이다.

　곰곰이 3월March의 의미를 생각해보았다. 왜 March일까? 행진, 행군? 그래서 검색해보았다.

　로마의 전쟁신 'Mars'가 어원으로, 그 이유는 대개 전쟁이 봄(3월)에 시작했기 때문이다. '전쟁의'라는 뜻의 'martial'이나 '화성'이라는 뜻의 'Mars'도 여기서 비롯되었다.

3월은 '전쟁의 시작'이다.

요즘 현대인들은 매일 전쟁을 치르고 있다. 출근전쟁, 입시전쟁이라는 말이 그렇게 생소하지 않다. 아이들도 보이지 않는 전쟁을 치르고 있는지 모른다. 부모가 아이를 학교에 보내는 것이 마치 전쟁터에 보내는 심정일 수 있다.

수많은 전쟁에서 승리하는 삶을 살기 위해서는 힘이 필요하다. 그래서 각종 행진곡, 특히 군가는 한결같이 힘이 넘친다. 힘차게 시작해야만 그 가속도에 힘입어 중간에 힘이 빠지거나 머뭇거리더라도 계속 앞으로 나아갈 수 있다. 그러나 더욱 중요한 것은 제대로 시작하는 것이다. 제대로 된 방향을 모른 채 무조건 빨리 간다면 어느 순간 돌이킬 수 없다.

어떻게 하면 3월을 힘차게 그리고 제대로 시작할 수 있을까 고민해봤다.

오늘날 우리가 겪고 있는 모든 문제는 '쉼'(안식)이 없어서 비롯되는 것들이 많다. 더 이상 일상을 다람쥐 쳇바퀴 돌듯 보내서는 안 된다. 짧더라도 제대로 휴식을 취하며 재충전할 수 있어야 한다.

우리 반은 산책을 선택했다.

그동안 내가 겪어본 바로는 산책이 주는 유익이 참 많았다. 인간을 '호모스크리벤스'라고 말한 김지영 기자는 기자로서 글을 써야 한다는 강박관념에 사로잡힐 때가 많았다고 한다. 하지만 마음을 비운 채 잠시 산책하는 동안 놀라운 일들이 벌어졌다. 자신도 모르게 새로운 아이디어가 떠오르고 생각이 정리된 것이다. 계속 컴퓨터 앞에 매달려 있었다면 결코 해결될 수 없었을 것이다.

아이들도 마찬가지다. 계속 책상 앞에만 있는다 해서 학습 능률이 오르는 것은 아니다.

첫날에 아이들에게 '세로토닌serotonin'이라는 화학물질에 대해 말해주었다. 세로토닌은 아미노산인 트립토판에서 나오는 화학물질인데, 행복의 감정을 느끼게 해준다하여 행복 호르몬happiness hormone으로 불린다. 이 호르몬은 조용하고 평화로운 분위기에서 책을 읽을 때, 산책할 때, 아름다운 음악을 들으며 차 한 잔의 여유를 누릴 때 마구 흘러나온다고 한다.

아마도 우리 아이들은 체육시간에 이 행복 호르몬이 많이 나오는 것 같다. 그래서 체육시간을 철저히 확보하겠다고 약속했다. 올해는 점심시간이 넉넉하게 주어져서 그런지 더 행복해 보인다. 그리고 체육시간이 없는 날은 잠시 산책을 다녀온다.

산책이라고 해봐야 운동장 주위를 한 바퀴 도는 것에 불과하다. 아이들에게 금한 것은 역주행뿐, 모든 것이 자유다. 그랬더니 남자 아이들은 약속이나 한 듯 모두가 신나게 뛰어간다. 경주도 하고, 점프도 하고…. 자유를 만끽하는 모습을 지켜보는 내가 더 행복하다.

아이들은 그동안 보이지 않았던 학교 구석구석을 보았다. 물오른 나뭇가지에 피어난 꽃봉오리를 보며 생명의 신비도 느꼈다. 어딘지 모르는 먼 곳으로부터 불어오는 향긋한 봄바람 냄새도 신선했다. 우리는 심

호흡을 했다. 몸도 마음도 깨끗해지는 것만 같았다. 사진도 찍었고, 상점賞點내기 높이뛰기도 했다. 비록 단 몇 분의 쉼이었지만 분명한 것은 진짜 쉼이 되더라는 것이다. 확실히 기분전환이 되었다. 이를 원동력 삼아 아이들은 더 열심히 살아갈 것이다.

어쩌면 '산책의 미학'은 '2보 전진을 위한 1보 후퇴'가 아닐까.

올 한 해 아이들이 산책을 통해 적절히 쉬고, 여유를 통해 삶의 아름다움도 마음껏 느낄 수 있으면 좋겠다.

모모처럼

몸이 아파서 병원을 찾으면 의사는 먼저 진찰부터 한다. 그래야 올바른 처방을 할 수 있으니까.

마찬가지로 제대로 된 진단 없이 열심히 진도만 나가는 것은 해악이다. 잘못된 방향으로 열심히 뛰기만 해서는 원하는 목표점에 다다를 수 없기 때문이다. 오히려 더 멀어질 뿐이다.

바쁜 일상을 살아가는 교육 가족들이 놓치기 쉬운 것들이 너무나 많다. 바쁘다는 핑계가 때로는 구차하게 들리기도 하지만 그럼에도 우리는 여전히 바쁘게 살아가고 있다.

《모모》라는 책은 출간된 지 오래되었지만 우리의 이런 현실을 마치 예견이라도 한 것 같다. 그래서 많은 교육적 영감을 얻을 수 있었다.

왜 하필 책 제목이 '모모'일까 생각했다. 그러다가 어머니 '母×2'가

떠올랐다. 두 번 반복되었으니 진정한 어머니의 모습이 소설 속 주인공의 이름에 녹아있는 것은 아닐까 혼자 생각해보았다.

첫째, 아이에게는 이야기를 들어주는 사람이 필요하다

모모는 집도 없고, 부모도 없는 아주 작은 꼬마 여자 아이다. 버려지다시피 한 옛 원형 경기장 한 구석에서 살고 있다. 모모에게는 다른 사람에게 없는 장점 하나가 있다. 그것은 사람들의 시시콜콜한 이야기까지도 잘 들어주는 것이다. 이야기 들어주는 것이 무슨 장점인가 싶지만 제대로 들어주기란 결코 쉽지 않다.

사람들은 말을 많이 해야 인정받을 수 있다고 생각한다. 특히, 멋있고 화려한 말을 해서 사람들에게 주목 받고 싶어 한다. 그러나 정작 다른 사람의 말에 진심으로 귀를 기울이는 사람은 많지 않다. 오히려 자신과 자신의 생각이 더 드러나기를 원한다. 그러나 이타적 사고를 가진 사람은 상대가 무엇을 말하고자 하는지에 귀 기울인다.

모모는 이타적 사고의 소유자다. '열 길 물속은 알아도 한 길 사람속은 모른다'는 속담이 있지만 모모는 열 길 사람 속에라도 뛰어 들어갈 것 같은 기세로 들어준다. 그래서 누구나 모모와 대화를 하면 마음의 문이 활짝 열린다. 자기가 이해 받고 있다는 느낌이 들기 때문이다.

'경청의 5단계'가 있다고 한다.

1단계 무시하며 듣기 ➡ **2단계** 듣는 척 하기 ➡ **3단계** 선택적 듣기 ➡ **4단계** 귀 기울여 듣기 ➡ **5단계** 공감하며 경청하기 모모의 듣기는 5단계 수준이었다. 사람들이 무엇을 말하고자 하는가에 관심을 갖고 있었다. 이면에 감춰진 마음의 감정까지 읽어내고자 했다. 그래서 어른, 아이 할 것 없이 모든 사람들이 모모를 좋아했다.

나의 듣기 수준은 고작 2, 3단계에서 그칠 때가 많다. 저학년보다는 덜하지만 아이들은 온갖 사소한 고민까지 들어주길 바랐다. 그럴 때면 주로 "선생님 바빠요", "친구들에게 물어보세요"라고 대답했다. 바쁘다 보니 나도 모르게 일 중심이 된 것이다.

둘째, 시간은 우리 마음속에 있다

어느 날 갑자기 회색신사들이 등장한다. 이윽고 사람들의 시간을 빼앗기 시작한다. 그리고는 사람들에게 "시간을 아껴야 한다. 더 이상 시간을 허비해서는 안 된다"고 말한다. 맞는 말이다. 그래서 많은 사람들이 속수무책 넘어간다.

그 결과 늘 쫓기는 삶을 살게 된다. 열심히 살아야 한다는 강박관념에 사로잡혀 사람들의 마음이 나날이 차가워진다. 더 이상 모모를 찾아오는 사람도 없다. 바쁘기 때문에…. 시간을 아껴야 하기 때문에…. 과거의 온기가 더 이상 느껴지지 않는다. 감당키 힘든 냉기가 사람들의 마음을 엄습한다.

현대 사회는 급격하게 변하고 있다. 이에 적응하고 살아남기 위해 사람들은 오늘도 바쁘게 살아간다. 하루하루 어떻게 보냈는지 모를 정도다. 회색신사가 오늘날에도 존재하는 것 같다. 나도 혹시 그들의 거대한 계획에 말려든 것은 아닐까?

내가 어렸을 적엔 잠시 멈춰가는 여유가 있었다. 많은 것을 하지 않아도 불안하지 않았다. 가던 길을 멈춰서 쇠똥을 굴리는 쇠똥구리를 신기한 듯 바라보며 한참을 멍하니 있기도 했다. 시골 간이역에 정차하는 정겨운 비둘기호와 깃발을 흔들며 기관사와 신호를 주고받던 간이역 역무원 아저씨의 모습도 생생하다.

하지만 오늘날 비둘기호는 사라진 지 오래다. KTX가 등장했고, 자동신호제어장치 때문인지 더 이상 사람의 손길이 필요치 않은 간이역은 사라졌다.

이 시대의 거대한 흐름을 일시에 바꿀 수는 없겠지만 작은 지혜로움으로 조금씩 개선해나갈 수는 있다. 시간은 바쁘게 산다고 해서 아낄 수 있는 것은 분명 아니다. '시간은 우리 마음속에 있다'는《모모》속 고백이 마음에 와 닿는다. 그 고백처럼 마음의 여유를 누리며 세상을 온기가 있는 살 만한 곳으로 만들어가는 일에 많은 이들이 동참했으면 한다.

일상에 축제가 필요하다

김정운 교수는《노는 만큼 성공한다》에서 축제가 사라진 현대인의 문제를 지적하고 있다. 그는 우울증과 같은 정신 질환이 갈수록 늘어가고, 아무리 쉬고 또 쉬어도 피곤한 이유는 삶이 더 이상 축제가 되지 못하기 때문이라고 말한다.

내가 어렸을 때를 떠올려봤다. 최소한 지금의 아이들처럼 공부에 치이지는 않았다. 자연을 벗하며 뛰어놀았던 기억만 남아있다. 하루를 놀이로 시작해서 놀이로 마무리했다. 딱지치기, 구슬치기, 미꾸라지 잡기, 활 만들기, 깡통 차기, 썰매 타기, 쥐불놀이, 오징어 땅콩, 옆 동네와 축구시합, 야구시합 등. 우리는 뭐 재미있는 것 없을까 늘 궁리했다. 재미있기 위해 온갖 노력을 다했다.

날씨가 따뜻해지는 봄이면 저녁을 먹은 후 모두가 마을회관 앞으로 쏟아져 나왔다. 옆집 검둥이, 앞집 바둑이도 신나서 꼬리치며 폴짝폴짝 뛰어다녔다. 어찌나 흥분되고 행복했던지!

어릴 적 기억을 떠올려보면 그 자체가 축제였던 것 같다. 마을에 결혼식이 있으면 그날은 모두 즐기는 진짜 축제가 되었다. 이웃의 기쁨이 곧 나의 기쁨, 우리의 기쁨이었다.

현재 우리 일상은 주로 일정한 패턴 속에서 반복된다. 그러다 보면 매너리즘에 빠지기도 한다. 내일을 생각하면 흥분은커녕 스트레스가 된다. 한창 순수한 설렘으로 하루하루 축제를 즐기듯 살아야 할 아이들이 벌써부터 피곤을 호소하고 있는 현실은 분명 정상이 아니다.

따라서 부모들이 먼저 평범한 일상을 재미있게 만들어 줄 수 있어야 한다. 그 영향은 고스란히 아이들에게 전달될 것이다.

어떤 일이든 시켜서 하는 일은 우리 뇌가 귀신같이 알아챈다고 한다. 그래서 반사적으로 노르아드레날린noradrenalin이라는 호르몬을 분비한다. 일종의 방어기제인 것이다. 이 호르몬은 다름 아닌 스트레스 호르몬이다. 문제는 이 호르몬 때문에 시냅스에서 분비되는 정보전달 물질인 아세틸콜린acetylcholine이 차단된다는 것이다. 이로 인해 학습회로가 닫혀 집중할 수 없게 된다. 이런 스트레스 호르몬이 장기화되면 어떻게 될까? 우리 몸을 망가뜨린다. 폭력성을 키우고, 비인간적으로 만든다. 현대의 인간성 상실문제는 이런 스트레스가 한몫하고 있다.

하지만 좋아서 자발적으로 무언가를 할 때 우리 뇌에서는 세로토닌이 나온다. 지적 욕구를 가지고 진짜 공부를 할 때도 세로토닌이 나온다고 한다.

우리나라 대표 뇌腦과학자인 이시형 박사는《세로토닌 하라!》에서 거듭 세로토닌을 강조했다. 세로토닌의 감정은 요즘처럼 봄 햇살이 비치는 창가에 앉아, 따뜻한 차 한 잔의 여유를 즐기며 정다운 이야기를 나누는 행복에 가깝다고 한다. 나는 아침에 진한 커피향을 맡으면서, 아이들과 아침 몰입독서를 할 때 이 세로토닌을 자주 경험한다. 누구에게도 방해 받고 싶지 않은 순간이다.

미래를 살아갈 아이들에게 가장 강한 무기는 재미가 아닐까 싶다. 공부는 열심히 하면 누구나 잘할 수 있다. 그러나 그것이 최선은 아니다. 공부를 마치 놀이를 하듯 재미있게 하는 사람을 이기기란 쉽지 않다. 재미가 있으면 누가 시키지 않아도 스스로 찾아서 하기 때문이다.

이것은 부모가 가장 힘들어하는 부분 중 하나다.

스스로 알아서 하지 못하는 아이, 이것이 과연 아이만의 문제일까? 나는 아니라고 생각한다. 현재 아이의 모습을 긍정할 필요가 있다. 먼저 이해해주고 나아가 공감해줘야 한다.

그러나 어디까지 이해해주고 어디까지 양보해야 하는가 하는 딜레마가 있다. 분명한 것은 공부와 삶에 대해 긍정적인 이미지를 심어줘야 한다는 것이다. 이를 위해 작은 축제들을 기획하는 것도 좋다. 부모가 아이와 놀아주는 것보다는 함께 놀 수 있는 놀이문화를 생각해봐야 한다.

상품이 있는 '가족독서퀴즈대회'를 열어도 좋을 것이다. '가족칭찬 릴레이'도 괜찮다. 자녀를 특별한 방법으로 칭찬해주는 방법도 좋다.

나는 집에서 칭찬꺼리를 찾은 아이들과 미켈란젤로의 '천지창조'처럼 서로 검지를 맞댄다. 아이는 혹시 상점을 놓치지는 않을까 조바심을 내며 손가락을 들고 다가온다. 그리고 난 500원의 용돈도 잊지 않고 아이에게 건넨다.

6학년 아이들에게는 매주 한 번 '뮤직데이'를 선물했다. 이를 위해 사전에 신청곡을 받게 했다. 점심시간이 되면 아이들이 임명한 DJ가 교사용 컴퓨터로 뮤직비디오를 틀어주었다. 자기 자리에 앉든, 책상에 걸터앉든 자유다. 무질서하게 돌아다니는 것만 금했다. 그랬더니 다른 반 아이들까지 우르르 몰려오는 것이 아닌가! 나는 기꺼이 반의 담을 허물고 함께 재미있게 즐기도록 허락했다. 앉아서 함께 손을 흔들며 노래하는 모습이 참 행복해 보였다.

자녀들에게 물질적인 선물보다는 이런 축제의 선물이 더 의미 있을 것이다. 우리 아이들이 이런 일상 속 축제를 통해 스트레스보다는 열정을 느끼고, 공부와 시험마저도 재미있다고 호들갑을 떨었으면 좋겠다.

페이스메이커

대가족일 때는 가족 구성원 사이에서 주고받는 상호작용이 많았다. 그래서 부모가 생계 때문에 바빠도 자기 페이스를 찾아 스스로 조절하면서 살 수 있었다. 하지만 핵가족화된 현대 사회에서는 그 기능이 상실되었다. 그래서 부모가 자녀의 페이스를 파악하고 조절해줘야만 하는 상황이 되었다. 개인 성장 시스템에 변화가 일어난 것이다.

서울대 김난도 교수는《천 번을 흔들려야 어른이 된다》에서 이런 변화된 시스템에서 자라난 젊은이들의 성장을 이야기하고 있다. 성공 자체를 주제로 다루는 대부분의 책들과는 달리 진정한 성공은 성장에 있다는 말이 새로웠다.

모죽이라는 대나무가 있다고 한다. 신기한 것은 모죽은 씨를 뿌려도 5년 동안 작은 순만 나올 뿐 아무런 변화가 없다고 한다. 5년은 결코 적지 않은 시간이다. 이 씨앗을 심은 사람은 씨앗이 자라서 빨리 커다란 대나무 숲을 이뤄주길 바랐을 것이다.

그런데 1년이 지나도, 2년이 지나도 그대로다. 얼마나 실망이 크겠는가? 나무가 죽은 것이라 단정 짓고 다른 나무를 심으려 할 수도 있다. 하지만 5년이 끝나갈 무렵, 놀라운 일이 벌어진다. 하루에도 몇 십 센티미터씩 무서운 속도로 자라기 시작하는 것이다. 어떻게 이런 일이 가능한 것일까? 이렇게 자라기 시작한 모죽은 거의 25미터까지 자란다고 하니 정말 '두고 볼 일이다.'

모죽은 5년 동안 자라지 않은 것이 아니다. 다만 보이지 않는 땅속에서 뿌리를 키우면서 큰 도약을 위해 묵묵히 준비하고 있었을 뿐이다. 그리고 때가 되자 무서운 속도로 성장하여 그 어떤 식물보다 크게 될 수 있었다.

모죽의 성장방식을 가진 아이들이 있다. 이런 방식은 자연스런 것인데 우리는 이런 자연의 순리를 거스르고자 할 때가 적지 않다. 아이들의 자연스런 성장을 가로막는 것이 바로 비교다. 우리는 얼마나 비교하기를 잘하는가? 아이들도 채점된 시험지를 나눠줄 때면 서로 비교하느라 정신이 없다. 이리저리 바쁘게 곁눈질하는 게 느껴질 정도다.

채점하고 시험지를 나눠줄 때면 솔직히 조심스럽다. 점수가 좋은 아이를 보면 흐뭇함과 함께 자만하지 않기를 바라는 조심스러움의 눈빛을, 점수가 좋지 않은 아이에게는 안쓰러움과 격려의 눈빛을 보낸다. 학창시절 비교의식과 열등감으로 고생했기 때문에 아이들만큼은 나와 같지 않기를 바라는 마음이다.

　우리 인생은 100미터 달리기가 아니다. 멀고도 험한 마라톤과도 같다. 마라톤 경기를 펼치는 마라토너들의 모습을 유심히 살펴본 적이 있다. 다들 가벼운 복장이었다. 정장차림에 구두를 신고 달리는 선수는 없다. 손에 스마트폰을 들고 통화를 하며 뛰는 선수도 없다. 몸과 마음을 무겁게 하는 모든 것을 벗어던지고 오로지 목표를 향해 뛰어갈 뿐이다.

　페이스메이커는 중거리 이상의 달리기 경주나 자전거 경기에서 기준이 되는 속도를 만들어주는 사람이다. 시대가 급격하게 변하면서 요즘 부모들은 이런 페이스메이커의 역할까지 맡아야 하는 부담이 있다.

　페이스메이커는 선수의 기록이 좀처럼 나아지지 않는다고 해서 조급해하면 절대 안 된다. 선수가 오버페이스를 할 수 있기 때문이다. 그럼 더 이상 뛸 수조차 없게 된다. 그러므로 마음을 비우고 인내하면서 응원해줘야 한다. 서서히 목표에 다가가도록 도와주어야 한다.

　자녀는 가끔 부모의 인내심을 시험대에 오르게 한다. 그래서 지루하고 초조한 기다림을 견뎌야 할 때가 있다. 그러나 월척을 낚기 위해 긴 기다림을 감수하듯, 자녀를 위해 인내하는 마음 또한 매우 중요하다.

　시골의사 박경철의 《아름다운 동행》에서 사람의 생명이 어떤 의사를 만나느냐에 따라 살 수도 있고 죽을 수도 있음을 알았다. 대부분의 의사들이 얼마나 치열하게 생활하고 있는지도 알았다.

나 또한 아이들의 영혼을 맡은 자로서 얼마나 치열하게 준비하고 연구하며 지내왔는가 생각해보았다. 하지만 부끄러울 뿐이었다. 적당히 하자는 안일한 마음과 변변치 않은 교육 시도로 아이들의 장래에 마이너스가 된 것은 아닌지 반성하게 되었다.

　아이들을 가르치는 최전선에 서 있는 내가 먼저 깨어 있어야겠다. 아이들의 가능성을 믿고 저마다의 성장점을 찾아주기 위해, 기꺼이 인내하며 함께 뛰는 페이스메이커가 되고 싶다.

자연에 가까이

　휴일에 온 가족이 섬 여행을 다녀왔다. 섬에서 봤던 일출이 아직도 생생하다. 부끄러운 듯 고개만 사알짝 내밀고 있는 태양은 호기심 많은 어린아이 같았다. 뭔가를 주저하는 듯 연약해보이기도 했다. 부끄러워서 발표할까 말까 머뭇거리는 수줍은 어린아이의 모습이었다. 태양은 계속 그 모습을 바꾸더니 어느덧 온 바다와 육지를 찬란하게 비추는 불덩이가 되었다. 자연은 이처럼 신비롭고 광활하다.

　옆에 있던 여행객들이 우리 아이들에게 이런 말을 했다.

　"너희는 부모님 잘 만난 게 복인 줄 알아야 해!"

　괜히 우쭐해졌다. 하지만 곰곰이 생각해보니 부모로서 그저 자연을 누리게 해준 것에 불과했다.

　이번 여행을 통해 몇 가지 배운 점이 있다.

첫째, 내가 다 안다고 생각하는 것은 큰 오산이다. 세상은 넓고 내가 아직 알지 못하는 것들은 여기저기 널려있다. 그러므로 항상 배움의 문을 열어 놓자.

둘째, 나 스스로는 빛나지 않는다. 빛을 받아들일 뿐이다. 그 빛을 재료 삼아 열정을 불태우자.

셋째, 태양은 세상을 비추고자 끊임없이 일한다. 나도 세상에 밝은 빛을 비출 수 있도록 끊임없이 일하자!

자연은 그 자체로 우리에게 좋은 친구요, 스승이다. 지치고 힘들 때, 외로울 때 자연으로 나가면 자연은 변함없이 우리를 반갑게 맞아준다. 그리고 특별한 언어로 말을 건다. 때로는 힘내라고 응원하기도 한다. 그래서인지 자연을 만나러 가는 발걸음은 항상 가볍다.

서울이라는 대도시에 살면서, 아이들은 원치 않게 열심을 내야만 할 때가 많다. 거부할 수 없는 삶의 스케줄 속에서 적지 않은 스트레스를 받는다. 사람은 누구든 적절한 휴식을 통해 활력을 공급 받아야 한다. 그래야만 다시 힘차게 살아갈 수 있다. 아이들도 마찬가지다.

흔히 자연치유라는 말을 한다. 우리의 한계를 극복할 수 있는 지혜는 다름 아닌 자연에 있다. 그러므로 우리는 아이들과 함께 자연에 나가야 한다. 아이에게 자연에서 뒹굴면서 스스로 치유할 수 있는 기회를 제공해야 한다.

다음은 좀 더 자연과 가까이 할 수 있도록 도움을 주는 메시지들이다.

한 알의 모래에서 하나의 세계를 보고 한 송이의 들꽃에서 천국을 본다(윌리엄 블레이크).

자연에서 이탈하는 것은 행복에서 이탈하는 것이다(새뮤얼 존슨).

자연의 힘은 교육의 힘보다 항상 더 컸다(볼테르).

자연의 말과 지혜의 말은 결코 다르지 않다(데키무스 유니우스 유베날리스).

우리는 '자연스럽게'라는 말을 자주 사용한다. 사람을 만날 때 자연스런 표정이 중요하고, 자연스런 대화가 중요하다. 자연스럽다는 것은 이치와 순리에 맞는다는 뜻이다. 자연은 인위적이지 않고 순수하다. 아이들 모두 자연이 주는 아름다운 교훈을 바탕으로 자연을 닮아가는 삶을 살았으면 한다.

고학년 자녀를 둔 학부모들의 부담이 상당하다.

성장이라는 것은 자연스러움의 산물이지, 억지의 결과가 아님을 명심해야 한다. 우리 아이들도 자연스럽게 성장할 것이다. 그리고 성숙해질 것이다. 우리가 자연을 믿듯이 아이들을 끝까지 믿어줘야 하지 않을까? 부모의 믿음과 신뢰 속에서 아이들은 지혜롭게 성장할 것이다.

진짜 공부는 무엇일까

자녀의 앞날에 대해 이야기할 때 절대 빠질 수 없는 것이 공부다.

'공부' 하면 대부분 부정적인 이미지가 먼저 떠오를 것이다. 우리 아이들에게 공부는 어떤 의미로 받아들여지고 있을까? 공부에 대한 어른들의 잘못된 생각이 아이들에게서 배움의 기쁨을 빼앗아가고 있는 것은 아닐까?

김병완의 《40대, 다시 한 번 공부에 미쳐라》라는 책은 공부에 대한 나의 생각을 바꿔 놓았다. 40대를 위한 책이지만 부모의 공부에 대한 인식이 먼저 바뀐다면, 아이들 또한 행복하게 학교생활을 할 수 있을 것이다.

첫째, 공부는 재미있다

저자는 가장 재미있는 것이 공부라고 자신 있게 말한다. 공부는 '매우 심오한 인간의 고차원적인 활동'이기 때문이다. 《공부의 기쁨이란 무엇인가?》에서도 그는 이렇게 말한다.

삶은 배움이고 배움을 통해서만 창조적인 삶에 도달하며, 창조적인 삶이야말로 세상에서 가장 큰 기쁨을 안겨준다.

둘째, 공부를 통한 자기 성장

에이브러햄 매슬로Abraham H. Maslow는 욕구의 5단계에서 최상의 단계를 자아실현의 욕구라고 했다. 자아실현의 욕구는 계속적인 자기 발전을 위해 자신의 잠재력을 최대한으로 발휘하는 데 초점을 둔 욕구다. 다른 욕구와는 달리 욕구가 충족될수록 더욱 증대되는 경향을 보이는 이른바 '성장욕구'다.

중국의 장자莊子는 '배움이 크게 이롭다는 것은 그것을 통해 자신의 기질을 변화시킬 수 있기 때문이다'라고 했다. 즉, 배움엔 자기 성장이 있다는 것이다.

김병완은 진짜 공부란 위인지학爲人之學이 아니라, 위기지학爲己之學이 되어야 한다고 강조한다. 즉, 남에게 보여주기 위한 공부가 아니라 자기 성장을 위한 공부가 되어야 한다는 것이다. 우리나라 공부의 문제점은 결과 위주이기 때문이라고 저자는 지적한다. 결과보다 중요한 것은 공부하는 과정을 통해 얻는 내면의 성장이다.

셋째, 공부는 위대함의 세계로 이끈다

공부는 꿈의 원천이다. 나아가 공부는 평범한 인생을 위대함의 세계로 안내한다. 링컨은 초등학교조차 제대로 다니지 못했음에도 독학을 통해 위대한 인물이 될 수 있었다. 그는 '나는 계속 배우면서 나를 갖춰간다. 언젠가는 나에게도 기회가 찾아올 것이다' 하고 다짐했다. 결국 그는 위대한 대통령이 되었다.

위대한 사람으로 세종대왕을 언급하지 않을 수 없다. 세종은 그 누구보다 열심히 공부했다. 그는 아무리 왕이라도 공부하지 않으면 결국 쓸모없는 인간이 될 수밖에 없음을 잘 알고 있었다.

넷째, 공부는 용기와 희망을 준다

자조론Self-help으로 유명한 새뮤얼 스마일스Samuel Smiles는 2차 세계대전으로 실의에 빠져있던 사람들에게 용기와 희망을 주었다. 그는 그의 저서에서 "독서를 하고 지식을 추구함으로써, 정신적으로 '조난'당하는 일이 없도록 나를 보호할 수 있다"고 말했다.

대표 1인 기업인 공병호 씨는 한때 잘나가던 CEO였다. 이런 그에게도 예상치 못한 인생의 조난이 닥쳤다. 그러나 그는 공부를 통해 보란 듯이 일어섰다. 80여 권의 책을 썼고, 이를 기초로 '1인 기업'이라는 새로운 지평을 열었다. 공부의 힘이 어떠한지 그는 여실히 보여주고 있다.

우리 아이들도 이제 진짜 공부를 시작했으면 한다. 진짜 공부란 공부의 기쁨을 제대로 느끼면서 어떤 역경도 이겨낼 만한 힘을 기르는 것이다. 또한 이 힘을 기초로 장차 위대한 일을 도모하는 것이다.

공부가 가장 쉬웠어요?

공부하는 아이들에게 필요한 것은 '즐거움'이다.

이지성의《솔로몬 공부법》, 조우석의《꿈을 이루는 6일간의 수업》, 김정운 교수의《노는 만큼 성공한다》가 강조하는 공통점은 즐거움이다.

피할 수 없다면 즐기라는 말이 있다. 하지만 힘든 것을 무턱대고 즐길 수는 없는 노릇이다. 무지한 노력은 오히려 독이 될 수 있다. 공부의 달인이라 일컬어지는 사람들을 보면 모두 자기만의 독특한 비법이 있다. 그들은 자기만의 비법을 찾아 즐기면서 공부하고 있었다.

조벽, 최성애 교수의《내 아이를 위한 감정코칭》에서는 '자녀의 감정을 무시하지 않고 따뜻한 관심 가운데 받아주고 읽어줄 때 행복한 변화들이 기적처럼 나타난다'고 이야기한다. 일단 아이의 감정을 소중하게 생각하며, 그 감정이 어떠하든 섣불리 판단하지 말고 잘 받아주는 것이 중요하다.

아이의 감정을 받아준 후엔 변화를 모색해야 한다. 싫어하는 감정을 즐거움의 감정으로 변화시킬 수 있는 묘안을 궁리해야 하는 것이다.

고등학교 때, 별명이 '공부독종'인 친구가 있었다. 화장실 가는 모습조차 보기 힘들 정도로 책상에 앉아 미동 없이 공부만 했던 친구였다. 처음에 우리는 그가 단연 1등을 하리라 생각했다. 그런데 친구의 등수는 거의 꼴찌 수준이었다. 중학교 때 나름 공부로 이름을 날렸던 친구였는데 왜 그랬을까? 그는 결국 원하는 대학에 들어가지 못했다.

나에게도 비슷한 경험이 있다. 고등학교 때, 잘해야 한다는 강박관념이 있었던 것 같다. 공부를 열심히는 했지만 점수와 등수에 지나치게 집착했다. 그러다 보니 공부가 전혀 재미있지 않았다. 결국 대학입시에 실패한 후 참담한 마음으로 재수생활을 시작했다.

재수 때는 전과 달리 꽉 짜인 스케줄에 끌려 다니지 않고, 나에게 맞는 나만의 공부법을 개발하여 즐겁게 공부하자고 다짐했다. 그러자 공부에 대한 즐거운 감정들이 생기기 시작했다. 그제야 무엇인가를 배우고, 실력을 갖춰간다는 것이 얼마나 행복한 것인지 비로소 알게 되었다.

공부는 개인의 몫이다. 공부에 관한 한 정답은 없다. 성적으로 고민하기 시작하는 학년이 초등학교 4학년이라고들 한다. 하지만 그만큼 뭔가 희망차게 시작할 수 있는 시기도 바로 이때가 아닐까? 사실 4학년 때까지는 학교 시험점수가 그리 중요하지 않다. 그러므로 단지 점수

몇 점 올리는 것에 힘쓰기보다는, 근본적으로 공부에 대한 아이의 자세를 바꿔줄 수 있는 교육적 시도가 필요하다. 가정에서든 학교에서든 마찬가지다. 공부가 가장 쉬울 때는 공부를 받아들이는 마음가짐이 불편하지 않고 오히려 어느 때보다 밝을 때다. 기꺼이 공부를 하려는 아이의 태도는 아이 스스로의 노력과 더불어 주변 어른의 도움으로 만들어진다.

배움의 자세

공부를 즐기는 사람이 성공적으로 학창시절을 보낼 확률은 당연히 높을 수밖에 없다. 그럼 어떻게 하면 공부를 즐길 수 있을까?

안상헌은 《생산적인 삶을 위한 자기 발전노트》에서 사람은 배움을 멈추는 순간부터 곧바로 퇴화한다고 했다. 즉, 사람은 끊임없이 배움을 유지해야 한다는 것이다. 나는 아이들이 갖춰야 할 삶의 기본자세가 '배움의 자세'라고 생각한다. 1차적인 배움을 넘어 2차적인 배움의 세계로 나아가야 한다. 모든 것이 배움의 대상임을 깨닫는 과정이 2차적인 배움이라 할 수 있다.

최근 '회복탄력성'이라는 말을 많이 듣는다. 이 시대를 살아가는 모든 이에게 회복이라는 단어는 절실하다.

약 3주 동안 감기 때문인지 컨디션이 몹시 안 좋았다. 몸이 힘드니까 마음마저 힘들어졌다. 몸의 회복이 간절했다. 그래서 평소 즐기던 커피도 줄이고, 충분히 수면을 취하고자 노력했다. 그랬더니 신기하게도 금세 회복되었다.

몸의 회복뿐만 아니라 마음의 회복도 마찬가지다. 얼마 전 '하루만 더 아프고 싶다'라는 시를 읽었다. 내용은 이렇다.

부모님이 안 계셔서 할머니와 함께 사는 한 아이가 있었다. 어느 날은 많이 아파서 학교에 가지 못했는데 생계를 위해 당연히 일을 나가야만 했던 할머니가 아이 곁을 떠나지 않고 하루 종일 아이를 보살폈다. 할머니의 따뜻한 손길에 감동받은 아이는 하루만 더 아프고 싶다고 고백한다.

이 아이는 몸은 비록 아팠지만 이미 마음은 회복되어 있었다.

이렇듯 마음의 회복은 배움의 초석으로 이어진다. 어려움 속에서도 무엇인가를 배우고자 한다면 평소 알 수 없었던 것들을 깨닫고 배우게 되는 것이다.

회복탄력성은 캐치볼의 원리와 유사하다. 날아오는 공을 잡을 때, 그 공을 받아들일 수 있도록 자세를 취한다. 그렇게 해야 충격을 최대한 줄이면서 안전하게 공을 잡을 수 있기 때문이다.

살아가다 보면 여기저기서 공들이 날아온다. 돌직구 같은 말이 날아와 마음에 상처를 주기도 하고, 커브처럼 우회적으로 비아냥대는 말들이 우리를 속상하게 만들기도 한다. 이때 우리는 캐치볼의 원리를 기억해야 한다. 내가 원치 않는 것이라고 해서 밀어내지 않고, 끌어안듯 수용해야 한다. 이것이 회복탄력성이다. 이런 사람은 쉽게 상처 받지 않는다. 상처를 받아도 금방 회복한다.

배움의 자세The attitude for learning가 있는 사람은 회복탄력성이 있어서 어떤 환경 속에서도 그 배움의 속도가 줄지 않는다. 아무리 충격적인 일이라 해도 여유 있게 받아들여서 처리한다. 이런 사람이 성장하고 발전한다. 즐기며 공부하게 된다.

의미를 찾는 공부

똑같은 실패를 경험한 두 사람이 있었다. 한 사람은 좌절했다. 다른 한 사람은 실패 속에서 '의미'를 찾았다. 그리고는 아무렇지도 않은 듯, 두 주먹 불끈 쥐고 일어나 다시 도전했다. 누가 더 성공적인 삶을 살았을까?

성공이란 다름 아닌 의미를 찾는 것이다. 누군가 성공은 엉덩이로 하는 것이라고 우스갯말을 한 적이 있다. 아마도 가만히 앉아서 생각하고, 또 생각할 때 의미를 찾을 수 있다는 뜻인 것 같다.

'굿 웍스 프로젝트Good Works Project'는 유능하고 행복한 사람들의 공통점을 연구한 프로젝트이다. 《몰입의 즐거움》의 저자인 미하이 칙센트미하이, 다중지능이론으로 유명한 하버드대 교수 하워드 가드너 등이 공동으로 진행했다.

이 연구를 통해 밝혀진 행복한 사람들의 공통점은 자신이 하는 일에 의미가 있다고 확신하는 것이라고 한다.

모든 상황 속에서 의미를 찾는 것은 쉬운 일이 아니다. 우리의 본능을 거스르기 때문이다. 우리는 본능적으로 원망, 불평, 절망 등과 같은 부정적인 감정을 자연스레 떠올린다. 이를 이겨내려면 더 강한 것이 필요하다. 의미 찾기는 일종의 마음속 빛을 찾아가는 과정이다. 뭔가 좋은 의미가 있음을 확신하는 순간 마음이 밝아진다. 안심이 되고, 감사하게 된다.

조벽 교수는《조벽 교수의 희망 특강》에서 이렇게 말했다.

"긍정적인 인생 대본을 지닌 사람은 포기할 이유가 없습니다. '넌 성공할 거야. 널 믿는다'는 말을 들어온 사람은 실패를 하더라도 주저앉지 않고 오뚝이처럼 다시 도전합니다. 좌절, 포기, 절망 대신 재도전과 희망을 선택합니다."

나는 아이들에게 의도적으로라도 '긍정의 인생 대본'을 써줄 필요가 있다고 생각한다. 아이들에게 가장 큰 영향을 미치는 곳은 단연 가정이다. 혹시 가정에서 부정적인 인생 대본을 써주고 있지는 않은가? 그렇다면 긍정적인 가정 문화를 만들도록 노력해야 한다. 그 실천 방법 중 하나가 의미를 찾는 공부이다. 가족들의 일상을 그냥 흘려보내지 말고, 서로에게 어떤 의미가 있는지 함께 생각해보는 것이다.

우리 아이의 경쟁력

최근 '우리 아이의 경쟁력'이라는 제목의 강의를 들은 적이 있다. 개인적으로 친분이 있는 톨레도대학교 폴 홍 교수의 강의였다. 강연 내용 중 인상 깊게 들었던, 아이의 경쟁력을 키우기 위한 두 가지 필수조건을 적어보았다.

첫째, 건강한 체력

우리나라의 교육은 여전히 체력보다는 지력을 키우는 쪽으로만 편중되어 있다. 체력은 아이들 인생에 있어 행복의 기초가 된다. 무엇을 하고자 할 때 체력은 가장 든든한 지원군이다. 주변에 엘리트 코스를 밟아가며 성공했지만, 건강에 발목이 잡혀 포기하는 사람들을 더러 보았다.

당장의 성공보다는 긴 안목으로 아이들이 건강한 체력을 키울 수 있도록 도와야 한다.

얼마 전 옛날과 오늘날의 생활 모습에 대해 수업했다. 아이들에게 나름 행복했던 나의 유년시절에 대해 옛날 이야기하듯 말해줬다. 아이들은 물론 나도 오랜만에 따뜻한 기억들이 떠올라 즐거웠다. 짜증나고 답답했던 기억마저도 행복으로 회상되는 게 신기했다.

"아이들이 행복한 어린 시절을 통해 자아를 발견하고 자아를 확립할 수 있도록 도와야 한다. 그래야 어느 곳에서도 자기 자신을 내세울 수 있는 당당한 사람이 될 수 있다"는 폴 홍 교수의 말에 동의한다. 추억은 힘이 세다.

삶을 바꾸는 칭찬 한마디

칭찬은 고래도 춤추게 한다.

우리는 칭찬의 힘을 알고 있다. 하지만 누군가를 칭찬한다는 것은 여전히 어색하기만 하다. 우리가 칭찬에 너무 인색한 것은 아닐까?

《내 삶을 바꾼 칭찬 한마디》(김홍신 외 지음)에서는 총 32명의 칭찬 일화가 등장한다. 이 책에서는 칭찬은 그 사람의 장점이나 특기, 능력을 찾아 알려주는 것이라고 말한다.

칭찬은 한 사람의 삶을 바꿀 수 있을 만큼 위력이 있다. 배우 최불암의 능력을 알아봐준 이름 모를 선배의 칭찬, 세계적인 테너 임웅균의 능력을 알아봐준 중학교 음악선생님의 칭찬은 그들의 인생을 바꿔 놓았다.

나 또한 초등학교 3학년 때 담임선생님의 "중호는 선생님을 하면 참 잘하겠다"는 말 한마디에 힘을 얻고, 교사의 길을 걷고 있다.

칭찬의 말이 이처럼 탁월한 변화를 줄 수 있다면 칭찬에 있어 과감할 필요가 있다. 다만 무분별한 칭찬은 효과도 없을 뿐더러, 때로는 독이 될 수도 있다. 그러므로 적재적소에서 칭찬의 말 한마디를 던지는 연습이 필요하다.

나는 칭찬의 연습으로 칭찬일기 쓰기를 제안한다. 부모도 함께 써서 서로 발표해보면 어떨까?

칭찬일기 쓰는 방법은 간단하다. 먼저 '상황'을 쓰고, 그 상황에 맞는 '칭찬의 말'을 쓴다. 물론 자신이 직접 칭찬했을 때만 쓸 수 있다. 다음은 '상대의 반응'을 쓰고, 자신의 '생각과 느낌'으로 마무리하면 된다.

《내 삶을 바꾼 칭찬 한마디》에 나오는 한 가지 예를 각색해보았다.

상황: 저녁 준비를 하는 엄마에게

칭찬의 말: "엄마, 오늘따라 밥 냄새가 참 좋아요."

엄마의 반응: "너 뭐 잘못 먹었냐?"

나의 생각과 느낌: 나의 입에서 전혀 나답지 않은 칭찬의 말이 나와서 그런지 엄마가 당황해하시는 것 같았다. 그동안 내가 얼마나 말을 함부로 했으면 엄마가 저렇게 반응하실까 많이 반성했다. 시작이 반이라는 말이 있지 않은가? 앞으로 매일 칭찬 한마디씩 실천해야겠다. 엄마 아빠가 나를 얼마나 사랑하시는지 알고 있다. 나 또한 부모님을 사랑한다. 나의 칭찬 한마디가 나를 변화시키고, 부모님을 기쁘게 할 수 있었으면 좋겠다.

칭찬일기는 일주일에 한 편 정도면 충분하다.

CHAPTER 2

책으로 떠나는
꿈의 여정

흔히 인생을 항해로 비유하기도 한다.

항해에 반드시 필요한 것이 나침반과 등대다.

나침반이 없다면 넓디넓은 바다를

하염없이 떠돌 수밖에 없다.

항구를 찾아가고자 할 때 등대가 없다면 어떨까?

인생의 어둠이 닥칠 때 쉼 없는 방황을 해야만 한다.

아이들에게 마음의 나침반이자 등대인

GPS는 그래서 필요하다.

꿈이 뭐기에…

언제부턴가 꿈이라는 말이 심심찮게 들리더니 요새는 꽤 빈번해졌다. 요즘 초등학교에서 꿈은 진로교육이라는 이름하에 전례에 드물게 강조되고 있다. 그래서인지 각종 직업테마파크 체험학습, 학부모재능기부, 부모님 직장탐방, 진로캠프 등 다양한 진로활동이 활발하게 이뤄지고 있다.

나는 현재 서울시교육청 소속 진로 컨설턴트로 활동하고 있다. 다른 사람보다 꿈에 대해서 조금 더 공부하며, 진로교육이 일선 학교에서 바르게 자리 잡을 수 있도록 최선을 다하고 있다.

많은 학교에서 강의하면서 한 가지 이상한 점을 발견하였다. 그것은 초등학생들에게는 꿈에 대해 곧잘 묻곤 하지만 아이가 자라면 어느 순간부터 더 이상 묻지 않는다는 것이다. 중고등학생만 되어도 '공부는 어느 정도 하는지', '어느 대학을 목표로 하는지'에 대해서는 묻지만 정작 꿈이 무엇인지 묻는 경우는 그리 많지 않다. 마치 꿈이라는 것이 초등학생에게만 어울리는 동심 같은 게 되어버린 것 같다.

한편, 초등학교에서의 진로교육조차도 어떻게 살아야 하는지에 대한 질문을 던지기보다 직업교육에 다소 치우쳐 있는 것 같다. 그 원인은 교육을 맡은 교사들과 아이들을 양육하는 부모들에게 꿈이 없기 때문이라고 생각한다. 꿈꾸는 아이로 키우고자 한다면 교육하는 사람들이 먼저 꿈이 있어야 한다. '꿈 동지'가 되어 함께 꿈을 키우고 꿈을 준비할 수 있어야 한다.

현재 우리 사회는 꿈을 꿀 수 있는 적절한 환경을 갖추지 못하고 있다. 대학입시를 염두에 두는 순간부터 대부분 꿈이 작아지다가 결국 사라지고 만다. 꿈이 없고, 꿈에 대한 확신이 없으니 더 이상 가슴이 떨리지 않는다. 많은 학생들이 부모가 기대하는 소망에 의해 주입된 가짜 꿈을 자신의 진짜 꿈인 양 착각하기도 한다.

이제 다시 꿈꿔야 한다. 새롭게 꿈의 씨앗을 뿌려야 한다. 사람은 그저 살아있다고 해서 진정 살아있는 삶을 사는 것은 아니다. 꿈은 진정한 삶을 살고 있다고 느끼게 해주는 일종의 생명력이다.

오늘날 우리는 지속 가능한 발전을 모색하고 있다. 그만큼 무분별한 개발로 환경파괴가 심각해졌기 때문이다. 이처럼 진로교육도 지속 가능한 꿈을 꿀 수 있는 방향으로 이뤄져야 한다. 아이들이 평생 꿈꾸며 살수 있도록 새로운 교육 풍토를 조성해야 한다. 그래서 매년 아이들을 담임하면서 세운 목표가 있다. 바로 '평생 꿈쟁이 만들기' 프로젝트다.

평생 꿈쟁이 만들기 프로젝트

1D
1차원

1동력: 환경 Environment **만들기**

매일 꿈과 함께하는 최적의 환경이 필요하다.
혼자가 아닌 학급공동체 또는 가족공동체가 함께 '생생하게 꿈꾸기 VD'를 함으로써 시너지효과를 기대한다.
가정에 아이들의 진로환경(물리적·심리적·언어적 환경)의 필요성을 강조한다.

2D
2차원

2동력: 호기심과 열정 Passion **불어 넣기**

아무리 좋은 환경을 갖추고 있어도 호기심과 열정이 없다면 제대로 된 학습을 이어갈 수 없다.
2차원적으로는 에디슨이 말했던 '1%의 영감' 교육이다. 1%의 영감은 생생하게 꿈꾸게 하는 그 무엇이라고 할 수 있다.
다각적인 꿈자극을 통해 아이들의 내면에 호기심과 열정을 불어넣는다.
1%의 영감이 생기기까지 부모의 수고와 헌신이 절대적이다.

3D
3차원

3동력: 준비와 평생습관 Attitude **함양**

R=VD(생생하게 꿈꾸면 현실이 된다)에서 언급되지 않은 것이 있다. 그것은 꿈을 준비하는 과정에 관한 것이다. 'Attitude'는 '준비'를 포함한 자세와 습관을 말한다.
꿈을 이루기 위해 아이에게 준비하는 습관을 갖게 하여, 실질적인 실력을 쌓아갈 수 있도록 해야 한다.
대부분의 부모들이 3동력만을 요구하는 경향이 있다. 그러나 이것은 1, 2동력이 갖춰질 때 비로소 나타나는 것이다.

꿈을 이루는 수업

나는 아이들에게 《꿈을 이루는 6일간의 수업》(김현정·조우석 지음) 책을 매일 5분씩 읽어주었다. 6일이 아니라 60일이 걸린 듯하지만 아주 의미 있는 시간이었다. 물론 이 책의 내용이 절대적인 것은 아니다. 하지만 꿈을 이루기 위해 필요한 실제적인 삶의 자세에 대한 값진 정보들을 얻을 수 있었다.

이 책은 흥미진진하고 실제적인 꿈 스토리와 자기관리, 마음관리, 꿈관리, 목표관리 등이 잘 정리되어 있다.

의미 있게 다가왔던 몇몇 내용들에 대해 함께 살펴보고자 한다. 책 내용이 아이들의 생활 깊숙이 파고들어 마침내 각자의 꿈이 실현될 수 있길 바란다.

첫째, 나에게 가장 중요한 1% 깨달음 찾기

에디슨의 명언으로 유명한 '천재는 1% 영감과 99% 노력으로 만들어진다'는 말이 있다. 많은 사람들은 이 명언을 듣고 99%의 노력이 더 중요하다는 식의 말을 한다. 그러나 진정 중요한 것은 '1% 영감'이다.

도대체 에디슨이 말한 영감inspiration이라는 말의 정확한 의미가 무엇인지 궁금할 것이다. 책에 언급된 바로는 '잠시 스쳐가는 훌륭한 생각' 또는 '반짝 떠오르는 중요한 깨달음'이다.

살다 보면 이런 영감들이 나타났다 사라지고를 여러 번 반복한다. 어떤 사람의 경우엔 하루에도 수십 번 바람처럼 왔다가 바람처럼 사라진다. 영감은 중요하지만, 그렇다고 모든 영감이 결정적인 1%가 되지는 않는다. 어떤 한 영감이 꿈으로 이어질 때 비로소 에디슨이 말한 그 영감이 되는 것이다. 그때 나머지 99%의 노력도 빛을 발할 수 있다.

둘째, '나'에 대한 공부

초등학교 진로활동에서 가장 큰 비중을 차지하는 것은 '자기이해활동'이다.

하지만 이것을 진로활동이라고 생각하는 사람은 그리 많지 않은 듯하다. 일단 직업적인 것을 거론해야만 제대로 된 진로교육이라고 생각하는 경향이 있다. 하지만 충분한 자기이해활동을 통해서 나를 알고 내가 존재하는 세상을 아는 것이 중요하다. 이로써 '어떻게 살아갈 것인가?'에 대해 질문을 던질 수 있기 때문이다.

초등학교 2학년 통합 교과서에는 '나'라는 단원이 있다. 이를 통해 자기이해활동을 하게 된다. 하지만 초등학교 저학년이어서 그런지 너무 외형적인 내용만 다루고 있다는 생각이 들었다.

그래서 나는 과감하게 '나' 공부를 깊이 들어갔다. 2학년 아이들에게 우리 마음속에는 두 개의 '나'가 있다고 말해주었다. 판단하는 나, 지켜보는 나가 그것이다. '판나 왕'의 다스림을 받는 나가 판단하는 나고, '지나 왕'의 다스림을 받는 나는 지켜보는 나라고 이야기했다. 그랬더니 의외로 아이들은 쉽게 받아들이는 듯했다.

'판단하는 나'는 지난 일을 비판한다. 스스로에게 명령하면서 고치려 든다. 제대로 하라고 자신을 다그치며 열심히 노력한다. 그러나 자꾸 결과를 비난하고, 이런 비난은 반복된다. 때문에 정죄감에 시달리기도 하고, 자꾸 무언가에 집착하게 된다. 또한, 불안 증세를 보이고 쉬지 못한다.

그러나 '지켜보는 나'는 어떤 경우에도 판단하지 않는다. 다만 잘 관찰할 뿐이다. 어떤 모습이든 정직하게 인정하고 수용한다. 그리고 원하는 결과를 마음속으로 생각한다. 계속 발전하고 있다고 믿는다. 섣불리 판단하기보다 묵묵히 결과를 관찰하면서 끊임없이 배우고자 한다.(김현정·조우석,《꿈을 이루는 6일간의 수업》, 한언출판사, 2008. p57의 표 참고)

콩나물시루에 매일 물을 주는 일이 헛수고 같아 보여도 어느덧 콩나물은 자라게 마련이다. 지금 현재의 모습이 의미 없는 순간의 연속처럼 보일 수 있다. 그러나 우리의 삶은 모든 것이 합해져 아름다운 작품이 된다는 점을 기억하자.

지켜보는 자가 상황을 주도한다. 뿐만 아니라, 어떤 어려움에도 꿈을 향해 꿋꿋이 전진한다.

아이들이 당면한 문제 중에서 상황을 주도하길 바라는 것은 다름 아닌 공부일 것이다. 아이들에게 공부 하면 어떤 생각이 드는지 물었다. 그랬더니 "마음이 답답해져요", "힘들어요", "어려워요", "생각이 복잡해요", "꽉 눌려요" 등의 반응이 나왔다.

이런 아이들의 반응에 대해 어떻게 생각하는가? 당연하다고 생각하는가? 이것은 아이들의 마음을 '판단하는 나'가 오랫동안 지배해왔기 때문이다. 동시에 기성세대들이 공부에 대한 바른 이미지를 전달해주지 못한 결과이기도 하다.

'판단하는 나'가 가득한 상태에서는 절대로 행복하게 공부할 수 없다. '지켜보는 나'를 통해 마음이 행복해질 때 비로소 공부를 즐기면서 할 수 있다.

우리 마음속 깊은 곳에 숨어 있는 '지켜보는 나'를 찾기 위해서는 아주 특별한 방법이 필요하다고 한다. 그것은 다름 아닌 '말'이다. 양자물리학자들에 의하면 우리의 말은 에너지 덩어리이다. 말이 부정적이면 부정적인 에너지들이 모여들고, 말이 긍정적인 것이면 긍정적인 에너지들이 모여든다.

누군가 한 가지 실험을 해보았다. 하나의 봉지에는 화를 낼 때 내뿜는 숨을 담고, 또 다른 봉지에는 활짝 웃을 때 내뿜는 숨을 담았다. 그리고 각각의 봉지에 모기 한 마리를 넣었다. 어떻게 되었을까? '화'봉지의 모기는 금방 죽어버렸다. 하지만 '웃음'봉지의 모기는 상당히 오랜 시간 동안 살아있었다고 한다.

우리가 어떤 말을 자주 해야 하는지 깨닫게 해주는 실험이다. 지켜보는 나를 찾는 방법은 자신에게 긍정적인 말을 자주 하는 것이다. 그러면 자연스럽게 좋은 에너지들이 모여들고 저절로 '지켜보는 나'가 우리의 마음속 중심에 자리하게 된다.

그렇다면 판단하는 나와 지켜보는 나의 가장 큰 차이점은 무엇일까? 《꿈을 이루는 6일간의 수업》 본문에 나온 글을 그대로 옮겨보았다.

"그건 바로 '신뢰'야! 스스로를 따뜻한 시선으로 바라보는 거지. 스스로를 믿으면, 가만히 지켜보면서 응원을 해줄 수 있지만 스스로를 믿지 않으면, 자꾸 비난하고 몰아붙이게 되는 거야."

아이들의 눈빛이 따뜻하게 변하길 기대해본다. 자신에게, 친구에게, 가족에게 따뜻한 시선을 보내는 아이들이 되어서 매일 행복을 창조하는 삶을 살면 좋겠다.

셋째, 청소의 힘

청소만 잘해도 인생이 멋지게 바뀔 수 있다. 좋은 것은 좋은 것을 끌어당기고, 나쁜 것은 나쁜 것을 끌어당기는 법이다.

청소는 우리 마음과 아주 밀접하게 관련되어 있다. 마음이 지저분하거나 복잡하면 공부에 집중할 수 없다. 그러므로 쓸데없는 생각을 하게끔 하는 것들을 과감하게 쓰레기통에 집어넣는 것부터 시작해야 한다. 그래야 자신이 원하는 일에 온전히 마음을 쏟을 수 있다. 그리고 소중한 삶의 기적들이 나타나기 시작한다.

넷째, 더불어 사는 법을 배워라

세상은 나 혼자 사는 것이 아니다. 그러므로 나눔을 생활화할 수 있어야 한다.

록펠러는 나눔의 비밀을 깨닫고 실천했을 때 그의 수명이 40년이나 늘어났다고 한다. 남을 위해 헌신한 사람들에 대한 이야기를 듣거나 보기만 해도 면역물질이 증가한다는 '테레사 효과'도 있다.

우리 아이들도 먼저 가까운 사람들과 자신의 것을 나누고 봉사하는 삶을 살도록 도와야 한다. 더불어 사는 법을 배우지 못한다면 장차 큰 성공을 거둔다 해도 성공의 의미는 퇴색될 수밖에 없다.

R=VD

아이들에게 'R=VD'라는 노래를 가르쳤다. 유치할 수도 있는 나의 자작곡을 아이들이 어찌나 열심히 따라 부르던지 정말 흐뭇했다.

R=VD라는 노래는 R=VD라는 공식에서 왔다. 이지성의 《꿈꾸는 다락방》에 나오는 꿈의 공식으로, R은 Realization, V는 Vivid, D는 Dream을 말한다. 즉, '생생하게 꿈꾸면 현실이 된다'는 말이다.

아이를 키우다 보면 만감이 교차할 때가 있다. 본의 아니게 다른 아이들과 비교라도 하게 되면 마음이 씁쓸해진다. 반면, 아이가 행복한 미소만 지어도 모든 피곤이 눈 녹듯 사라지기도 한다. 이게 부모의 마음인 것 같다. 나 또한 두 아이의 아버지로서 동일한 마음으로 아이들을 키우고 있다. 그리고 내게 맡겨진 우리 반 아이들을 향한 마음도 같다.

아이들에게 책을 읽어주다가 문득 '아이들이 행복한 마음으로 공부할 수만 있다면 얼마나 좋을까?' 생각하게 되었다. 이렇게 되기 위해서는 무엇보다 '꿈'이 있어야 한다고 생각한다. 여기서 말하는 꿈이란, 누군가에 의해 주입된 꿈이 아니다. 자신이 이루고 싶은 꿈이다.

'EBS 다큐, 아이의 사생활'에서는 누구나 부러워할 만한 성공한 사회인들도 이직을 준비하고 있었다. 이들은 적성에 맞지 않는 잘못된 진로선택으로 뒤늦은 후회를 하고 있었다. 우리 아이들은 최소한 이렇게 되지 않았으면 한다.

나의 이런 바람을 담은 자작곡 R=VD노래를 소개한다.

나는 꿈쟁이 꿈꾸는 ○○○
어느 날 불어온 바람은 그냥 바람이 되면 안 돼요.
우리의 바람은 바람처럼 오지만,
생생한 꿈으로 변신, 변신이 필요해요.
1%라고도 하지요!
생생하게 꿈꿔봐요. R이 나와요.
R=VD, R=VD, Realization! 와우!
꿈은 생생하게 행복하게 절실하게
꿈은 생생하게 행복하게 절실하게
생생하게 행복하게 절실하게 꿈꿔요!

이 꿈의 공식은 우리 학급의 급훈이 되었다. 나는 아이들과 매일 다각

적인 VD활동(생생하게 꿈꾸는 활동)을 하고 있다. 그중에 하나가 아침VD
이다. 8시 40분이 등교 시간이지만, 일찍 등교하는 아이들이 많기 때문
에 평균 20분 정도는 아침에 책을 읽는다. 20분 몰입독서를 하는 것이
다. 그리고 나머지 5분에서 10분 정도는 내가 책을 읽어주거나, 아침
VD를 한다.

　아침VD란 다양한 주제의 짧은 영상을 보면서 자신의 꿈을 다짐하
는 것이다. 대부분 '꿈 자극', '꿈 자세'에 관한 내용이다. 글과 그림, 음
악이 어우러진 의미 있는 시간이다.

✄ 김병완의 《다시 한 번 공부에 미쳐라》를 참고한 VD ✄

여러분의 가능성을 믿으세요!	어떠한 불리한 환경과 조건도 위대한 꿈을 당해내지 못한다.	꿈도 갖지 못했던 사람에게 꿈을 가질 수 있도록 도와주는 것이 바로 공부다.
임금이라도 공부하지 않으면 쓸모없는 인간이 될 수밖에 없다. **세종대왕**	생생하게 꿈꾸고 글로 적으면 현실이 된다.	부의 격차보다 무서운 것은 꿈의 격차다!
생각할 수 있는 것은 모두 실현 가능하다. **아인슈타인**	공부한 만큼 생각한다. 위대한 공부를 하지 않고서 위대한 생각을 할 수 있었던 사람은 존재하지 않는다.	바보처럼 공부하고 천재처럼 꿈꾸자! **반기문**

✄ 졸업생들이 만든 R=VD 플래카드 ✄

얼마 전 국어시간에 '사랑의 잔소리'를 가르치면서, 아이들에게 엄마 아빠께 사랑의 잔소리를 해보도록 숙제를 내준 적이 있다. 이 글을 읽는 부모에게도 숙제를 하나 드리려 한다. VD영상의 내용으로 자녀에게 사랑의 잔소리를 해보면 어떨까?

꿈꾸는 방 카페(cafe.daum.net/kkumbang)에 VD영상을 올려놓았다. 가정에서도 VD타임을 운영해보길 바란다. 아침이 아니어도 괜찮다. 온 가족이 함께하면 더 의미 있을 것이다.

꿈의 여정과 준비물

징검다리의 사전적 의미는 '개울이나 물이 고인 곳에 돌이나 흙더미를 드문드문 놓아 그것을 디디고 물을 건널 수 있도록 한 다리'이다. 아이들은 지금 인생의 징검다리를 건너고 있다. 그럼 아이들의 목적지는 과연 어디일까? 중학교? 특목고? 일류대학? 취업? 성공? 이런 것들은 아이들의 목적지라 할 수 없다. 나는 아이들의 목적지는 꿈이라고 생각한다. 꿈을 이룰 때까지 징검다리를 건너는 기분은 계속될 것이다.

나는 초등학교 시절 징검다리를 많이 건너야 했다. 건너긴 해야겠고 끝까지 가자니 용기가 나지 않아 도중에 울어버렸던 기억이 있다. 두려움이 문제였다. 성공적인 꿈의 여정을 가장 위협하는 것은 이런 두려움이다. 그러므로 자신감은 꿈의 여정에서 가장 필요한 준비물이다.

꿈의 여정을 위해 또 어떤 준비가 필요한지 생각해보자.

《바람의 딸 걸어서 지구 세 바퀴 반》의 저자 한비야의 여행 노하우는 짐을 줄이는 것이었다. 그녀는 최대한 가벼운 상태로 여행을 떠났다. 하지만 제법 무겁다고 할 수 있는 책을 제일 먼저 챙겼다.

자신의 분야에서 최고의 성취를 이룬 코 성형 전문의 정동학 박사의 이야기도 들어보자.

"초인이 아닌 이상 우리는 원하는 모든 것을 가질 수 없습니다. 그렇다면 선택을 해야 해요. 진실로 자신에게 가치 있는 것이 무엇인지, 원하는 것이 무엇인지 선택해야 합니다."

하지만 분명한 목표가 설정되지 않은 상태에서 제대로 된 선택은 불가능하다.

우선 내가 바라는 진정한 꿈을 생생하게 머릿속에 그릴 수 있어야 한다. 하지만 그런 꿈을 찾는 것은 세상에서 가장 어려운 숨은 그림 찾기와 같다. 때문에 끊임없이 자기 자신을 탐구해야 한다.

자신을 탐구하고 세상을 탐구할 수 있는 좋은 방법 중의 하나도 역시 '책읽기'이다. 빌 게이츠는 이렇게 말했다.

"오늘날의 나를 존재케 한 것은 어릴 적 내가 살던 마을의 작은 도서관이다."

책은 아이들의 꿈의 여정을 돕는 최고의 길잡이다. 책에는 빛나는 보물들이 무수히 묻혀 있다.

여정 중에는 무엇인가를 해낼 수 있는 추진력도 필요하다. 희망 전도사로 유명한 송진구 교수는 'MBC 파랑새특강'에서 '우리의 뇌는 원하는 것이 있다면 그것이 이뤄지도록 프로그래밍 되어 있다. 그것을 구현하는 제일 좋은 방법이 적는 것이다. 자신이 원하는 것을 반복해서 적고 또 적다 보면 뇌가 원하는 쪽으로 반응하게 된다'고 말했다. 단순히 적는 것을 통해 나의 능력 이상의 추진력을 얻을 수 있다는 말이다.

《네 안에 잠든 거인을 깨워라》의 저자 앤서니 라빈스는 추진력의 정체를 결단력이라고 말한다. 아이들에게 결단을 요구하는 것은 쉽지 않다. 하지만 우리가 조금씩 무언가를 결단할 수 있도록 도울 수는 있다.

살다 보면 우리 아이들에게도 벼랑 끝이라고 느낄 만큼 절박할 때가 있다. 불행한 가정환경이나 오르지 않는 성적, 맘에 들지 않는 외모, 쉽지 않은 친구관계 등으로 인한 깊은 절망 등이 그것이다.

대한민국 대표 꿈의 멘토인 이지성은 《18시간 몰입의 법칙》에서 이렇게 말했다.

"꿈을 갖는 것마저 사치스럽게 느껴지는 고통스런 때일수록 우리는 꿈을 호흡하고, 꿈을 먹고 마시며, 꿈과 함께 잠들고 꿈과 함께 깨어나야 한다."

강영우 박사는 이런 꿈꾸는 삶을 친히 실천했던 인물이다. 그는 중학교 시절 축구공에 맞아 시력을 잃고 한순간에 시각장애인이 되었다. 한때 불행한 삶을 저주하며 자살까지 시도했던 그는 자신의 인생 여정에도 뭔가 특별함이 있을 거라는 확신을 갖고, 꿈에 집중했다.

그 결과 연세대학교를 차석으로 졸업했고, 후원자의 도움으로 미국 유학을 떠날 수 있었다. 이후 한국인 최초의 시각장애인 박사가 되었고, 끊임없는 노력 끝에 부시 행정부 정책차관보로 파격 선임되었다. 한국인으로서는 미국 행정부 내 최고위직에 오른 것이다. 그는 이렇게 말했다.

"여러분, 나는 13살에 시력을 잃고 18살에 중학교 1학년부터 다시 시작해서 여기까지 왔습니다. 여러분, 절대로 포기하지 마십시오. 우리가 오르지 못할 산은 없습니다."

사람은 그가 가진 꿈대로 된다. 큰 꿈을 가질수록 크게 된다. 이게 바로 꿈의 힘이다.

꿈의 나침판 GPS

꿈의 여정에서 책은 일종의 GPS라고 할 수 있다. GPS는 'Global Positioning System'의 약자로 비행기, 선박, 자동차뿐만 아니라 세계 어느 곳에서든지 인공위성을 이용하여 자신의 위치를 정확히 알 수 있는 위성 위치 확인 시스템이다. 이 용어를 사용하게 된 계기는 서울시교육청에서 발행된《자기관리능력 GPS》라는 책을 접하고부터이다.

한 아이로부터 이런 질문을 받은 적이 있다.

"선생님! 도덕은 왜 배워야 하는지 모르겠어요. 다 아는 거잖아요."

다 아는 것이기 때문에 특별히 배움에 대한 갈망이 생기지 않는 것이 사실이다. 그래서 나는 한때 과감하게 도덕 수업의 틀을 깬 적이 있다. 1차시 감동선발대회, 2차시 역할극대회, 3차시 (간식 먹으며) 다짐선서 및 표어선발대회 등을 열었다.

앞으로는 이런 방식의 도덕과 수업을 진행하고자 한다. 도덕 시간은 지식보다 인생의 가치를 배우는 시간이기 때문이다. 이것이 내면화되어야 아이의 가치관 형성에 도움이 될 수 있다. 아이들을 위해서라면 과감하게 실행해 볼 생각이다.

흔히 인생을 항해로 비유하기도 한다. 항해에 반드시 필요한 것이 나침반과 등대다. 나침반이 없다면 넓디넓은 바다를 하염없이 떠돌 수밖에 없다. 이처럼 사람을 힘들게 하는 고통이 또 어디 있을까? 또한 때마다 머물러야 하는 항구를 찾아가고자 할 때 등대가 없다면 어떨까? 인생의 어둠이 닥칠 때 쉴 곳을 찾을 수 없어 쉼 없는 방황을 해야만 한다.

GPS도 도덕과 마찬가지로 일종의 가치관 공부이다. 아이들의 진로교육 차원에서도 GPS는 참 중요하다. GPS를 통해서 내가 현재 어떻게 살고 있는지, 앞으로 어떻게 살아가야 하는지 알 수 있기 때문이다.

아이들에게 마음의 나침반이자 등대인 GPS는 그래서 필요하다고 생각한다. 지금까지는 부모가 아이들의 GPS였는지 모른다. 하지만 아이들이 성장함에 따라 이에 맞는 또 다른 GPS가 필요하다. 그래서 우리 반에서는 '나만의 GPS', 'T(teacher)-GPS', '독서 GPS', '칭찬 GPS', '두 줄 GPS' 등, 온갖 GPS 활동을 하고 있다.

얼마 전 교실에서 문자언어실험을 했다. 모든 조건을 통제한 후, 유일한 변인을 문자언어로 했다. 급식 시간에 밥을 얻어서 2개의 페트병에 넣고 랩으로 밀봉했다. 한쪽(A)엔 '감사', '사랑', '행복'이라는 단어를, 다른 한쪽(B)엔 '망할', '나쁜 놈', '짜증나'라는 단어를 붙였다.

책에서만 보던 것을 직접 실험하는 것이라 반신반의했다. 3일 후, A실험군에서는 오렌지색 곰팡이가 생겼지만, B실험군에서는 아무런 반응이 없었다. 아이들도 이상하게 생각하는 눈치였다. 나는 조금만 더 기다려보자고 했다.

며칠 후 실험결과가 아주 극명하게 드러났다. A실험군은 예쁜 오렌지색 곰팡이가 향긋한 냄새를 풍기고 있었고, B실험군은 시커먼 곰팡이가 지독한 악취를 풍기고 있었다.

실험을 통해 긍정적인 말 한마디의 중요성을 알게 되었다. 내가 적는 희망의 글이 과연 큰 힘을 가지고 있었다.

매일 아이들에게 긍정의 메시지, 사랑의 메시지, 꿈의 메시지를 전해야겠다. 그것은 아이들에게 어디를 향해 뛰어야 할지를 알려주는 '꿈길'이 될 것이다. 꿈길에선 아이들은 두려움과 절망 속에서도 다시 일어나 꿈을 향해 힘차게 뛰어갈 수 있다. 가슴 뛰는 설렘으로 그 길을 뛰어갈 수 있길 바란다.

꿈을 향한 항법장치 RAS

짧은 방학이 끝나고 개학이 다가오는데 이뤄 놓은 것들이 눈에 띄지 않았다. 이런 상태로 다시 일상에 복귀하려니 마음이 복잡해졌다. 하지만 곰곰이 생각해보니 내가 맞이해야 할 삶의 일상이 너무나 소중하게 느껴졌다.

내가 무엇에 집중해야 하는지 깨닫게 되자 마음이 설레기까지 했다. 그래서였을까? 오늘은 새벽녘에 눈이 번쩍 떠졌다. 사람이 무엇에 초점을 맞추고 사느냐에 따라 행동도 달라지는 것 같다.

아이들은 방학을 어떻게 보냈는지 궁금하다. 어떤 아이는 '선생님! 저 방학 동안 정말 많은 것을 했어요!'라는 흥분 섞인 문자메시지를 보내오기도 했다. 그래서 개학 첫날엔 그 이야기들을 들어볼까 한다.

흔히 작심삼일作心三日이라고 한다. 사람의 마음은 참 연약하다. 대단한 일이라도 낼 것처럼 호들갑을 떨다가도 언제 그랬냐는 듯 풀이 꺾이니 말이다. 하지만 작심삼일이라도 그것을 계속 거듭한다면 어느새 목표에 가까워진다.

수업엔 수업목표라는 게 있다. 수업시간을 통해 도달하고자 하는 지향점이다. 초임 때는 수업목표와 무관한 수업을 많이 했다. 그저 아이들이 즐거우면 된다고 생각했다. 하지만 시간이 지날수록 허무함이 밀려왔다. 반면, 수업목표가 분명한 수업을 하고자 했을 때는 뭔가를 배워서 성취하고 성장한다는 뚜렷한 기쁨이 있었다.

아이들에게도 순간순간의 목표가 필요하다. 물론 이런 목표들이 지향하는 것은 꿈이다. 꿈은 아이들의 인생에 있어서 본질적인 목표라고 할 수 있다.

꿈을 향한 항법장치 'RAS'를 아는가? RAS는 분명한 목표의식을 갖도록 도와주는 뇌 속의 시스템이다. 뇌 밑 부분에는 새끼손가락만한 크기의 RAS_{Reticular Activating System}가 있다고 한다. '망막활성화시스템', '자동목표추적장치'라고도 불린다. 이 시스템은 우리에게 꼭 필요한 정보만 걸러주는 기능을 한다. 일종의 여과장치다.

주위를 한번 둘러보자. 무엇이 보이는가? 이번엔 빨간색을 떠올리며 주위를 둘러보자. 아마 빨간색만 걸러진 듯 보일 것이다. 색깔을 바꿔도 마찬가지다.

콩밭에 가 있는 마음을 데려오려면 이런 뇌 시스템을 잘 활용해야 한다. 목표의식을 늘 새롭게 하는 것이다. 사실 우리는 매일 무의식적으로 RAS를 이용하고 있다. 그래서 시끄러운 소음 속에서 나에게 필요한 소리를 듣고, 수많은 소음을 견뎌내는 것이다.

《아버지도 천재는 아니었다》에서 김상운 씨는 수많은 자료를 분석하여 이런 결과를 얻었다.

분명한 목표만 갖고 있으면 목표달성에 필요한 정보를 자동으로 걸러내 잠재의식에 입력시킬 수 있다. 일상의 작은 목표도 선명할수록 달성될 확률이 높아진다. 인생의 목표를 확고하게 세우고 집중하면 주위의 모든 유혹과 비난이 들리지 않아 원하는 것을 이룰 수 있다. 목표는 믿는 순간 50% 이뤄진다. 목표가 생기면 '괴력'도 함께 생긴다. 갈 곳이 뚜렷하면 다시 일어서서 걸어갈 에너지가 생긴다. 그게 목표가 가진 위대한 힘이다. 세상은 목적지를 분명히 알고 가는 사람에겐 길을 비켜준다.

어떤 목표든 그것을 쓰거나, 소리 내어 읽다 보면 나도 모르게 자신의 RAS를 일깨우게 된다. RAS는 잠재의식 속에 목표를 새긴다. 그리고 점점 분명한 목표의식을 가지고 집중하게 된다. 뚜렷한 목표의식은 아이들을 몰입의 세계로 인도한다.

조금만 깊이 생각해보면 나의 삶을 끌고 가는 것이 무엇인지 깨달을 수 있다. 누구든 내 삶을 이끄는 것은 나 자신이어야 한다. 하지만 원치 않는 것들에 의해 끌려가는 삶을 살 수 있다는 점을 명심하자.

새롭게 시작하는 시간이다.

빡빡한 일상 속에 목표를 허겁지겁 끼워 맞추려다 보면 마구 구겨 넣기 쉽다. 목표에 맞는 첫 단추를 잘 채워서 시작부터 어긋나지 않도록 노력해야 한다. 첫 단추를 잘 채웠다면 꿈이라는 전원을 켜서 뇌 속의 RAS를 활성화해보자.

알이즈웰

　나는 4년 전부터 매년 영화를 통한 진로지도를 진행하고 있다. 어느 날은 아이들에게 '세 얼간이'라는 영화를 보여주었다. 점심식사 후 교실에서 아이들과 수다를 떨다가 갑자기 이 영화를 틀게 되었다. 운동장에서 뒤늦게 이 소식을 듣고 몇몇 아이들이 급히 뛰어 들어왔다. 당황스런 표정이 역력했다. 예고된 일이 아니었기 때문이다.

　이 영화는 인도 최고의 공과대학인 ICE라는 곳을 배경으로 펼쳐지는 세 얼간이의 꿈과 우정 이야기다.

　영화에는 '알이즈웰All is well'이라는 말이 자주 등장한다. '뭐든 잘 될 거야'라는 말로 우리 아이들이 간직하고 활용하기 좋은 GPS다.

　아이들은 영화를 보고 난 후 위기의 순간마다 '알이즈웰'을 다 같이 외치곤 했다. 이 말은 금세 우리 반의 유행어가 되었다. 꿈 동지가 되어 함께 꿈꾸는 생활이 무척이나 행복해보였다.

아이들이 깊은 문제의식을 가지고 시청하는 것은 아니다. 하지만 그저 즐겁게 웃으며 함께 보다 보면 느끼는 바가 분명 있을 것이다. 영화에는 '어떻게 살아야 할까?', '어떤 자세로 공부하며 꿈을 준비해야 할까?'에 대한 메시지로 가득하기 때문이다.

나는 이 영화를 2011년 겨울에 본 것 같다. 아이들의 진로교육에 관심을 가지고 있었던 터라 이것을 알았던 아내가 강력 추천해 주었다. 러닝타임 3시간이 전혀 지루하지 않았다. 나도 모르게 여러 번 눈물도 지었다. 영화를 본 후 기록했던 글을 첨부해본다.

참으로 유쾌하고, 감동적인 영화다. 나의 꿈과 미래를 진지하게 생각하게끔 한다. 학교가 어떤 곳이어야 하는지 가르쳐준다. 어떤 교사가 되어야 하는지도 가르쳐준다. 내가 어떤 삶을 살아야 하고, 자녀 혹은 학생들이 어떤 삶을 살아가도록 도와야 하는지 깨달았다. 제대로 된 VD Vivid · Dream 를 했을 때 과연 R Realization 이 나온다는 것을 가르쳐준다. 역시, R=VD! 주입식·암기식 교육의 폐단을 풍자하고 있다. 영화를 보는 내내 숱한 학생들이 삶의 끈을 놔버리는 오늘날 한국 사회의 안타까운 모습이 떠올랐다. '알이즈웰'이라는 독특한 긍정 주문이 인상적이다.

세 얼간이라고 하지만 세 꿈쟁이들의 꿈을 향한 모험과 방황 그리고 이뤄낸 꿈의 성취감이 우리를 대단히 흥분케 한다. 그들은 부모와 사회의 주입된 꿈의 결과, 부모의 기대와 소망을 따라 공학도가 되고자 했다. 일류 공대에 입학했으나 늘 꼴찌에서 맴도는 비참한 대학생활의 연속이었다. 그러다 란초를 만나 자신의 꿈을 찾아 한 걸음씩 나아간다. 돈과 명예보다는 진정 자신이 하고 싶은 일을 따라가고자 결단한다. '꿈을 좇아갈 때 돈과 명예도 따라온다'는 교훈을 준다.

아이와 학부모에게 꼭 추천해주고 싶은 영화다. 바쁘게만 돌아가는 세상살이 속에서 "왜?"라고 묻지 못한 채 공부에 시달리는 아이들이 많다. 내 자녀도 마찬가지다. 어쩌면 가르쳐줘도 잘 이해하지 못하는 나이이기도 하다. 하지만 계속 가르쳐줘야겠다. 듣든, 안 듣든, 못 듣든 이야기해주다 보면 언젠가 깨달을 것이다. 그리고 학자들이 말하는 고유한 X파일(능력상자)이 자신에게 있다는 것을 알고, 그것으로 마음껏 꿈을 펼치는 아이들의 모습을 기대해본다.

거부할 수 없는, 거부하기 두려운 현실의 벽이 있다는 것을 인정한다. 나 또한 자녀의 단원평가를 위해 아이에게 자정까지 문제집을 풀게 했고, 미리 준비하지 않은 것에 대해 책망도 했다. 아이를 자유롭게 키워야 한다는 말에 공감하지만 할 것은 해야 하지 않겠나 생각한다. 자유로운 영혼은 자칫 방종을 일삼는 사람이 될 확률이 높다. 그러므로 좋은 시스템 속에서 자유롭지만 때론 엄격한 교육이 이뤄져야 한다고 생각한다. 앞으로 진로교육을 통해 그 답을 꼭 찾고 싶다.

HIS STORY

얼마 전 교실의 선풍기를 물청소했다. 선풍기 바람이 얼마나 고맙게 느껴지던지. 당장 에어컨을 켰으면 하는 마음이 간절했지만, 국가적 전력공급문제가 심각하다는 뉴스를 보고 에너지 절약에 동참했다. 지금은 에어컨도 있고, 선풍기도 있지만 아무것도 없던 옛날엔 어떻게 여름을 버텼는지 신기할 따름이다.

하긴 아이들은 더위를 마다하지 않고 땡볕이라도 체육하기를 원하니….

더위 말고 또 우리 사회를 달구는 것이 있다.

바로 '스펙열풍'이다. 그렇잖아도 우리 정서에는 연령별·시기별 성취 기준이 있는데 여기에 스펙까지 합세하니, 미래를 준비하는 아이들과 젊은이들의 심적 고통이 이만저만이 아닌 것 같다. 옆에서 지켜보는 부모의 부담감도 적지 않을 것이다.

　나 또한 평소 스펙열풍을 접하면서 사회에서 우리 아이들이 일개 상품처럼 취급 받는 것 같아 마음이 아팠다. 상품성이 떨어지면 버림받을 수밖에 없는 비정한 현실이 이해가 안 되었다. 하지만 일각에서는 벌써 스펙에 대한 염증이 회자된다고 하니, 그나마 다행스런 소식이 아닐 수 없다.

　김정태 씨는 《스토리가 스펙을 이긴다》에서 '최고the best가 아니라, 유일함the only으로 승부하라'고 했다. 그렇다면 유행처럼 번지는 스펙열풍 속에서 살아남을 뿐만 아니라 최고의 경쟁력으로 앞서갈 수 있는 지혜는 무엇일까? 나는 나만의 탁월성을 찾는 것이라고 생각한다. 구근회 오름교육 대표도 서이초등학교 학부모연수에서 아이만의 탁월성을 찾아야 한다고 강조한 바 있다.

　아이만의 고유한 탁월성은 인간성 회복과 관계가 깊다. 자기가 잘 할 수 있고, 하고 싶은 일을 찾아 꿈을 준비하는 것은 삶의 질적 제고 차원에서도 매우 중요하다.

　이문열 씨의 〈이야기는 어떤 시대에도 패배하지 않는다〉는 글을 읽은 적이 있다. 이처럼 아이들에게 나만의 스토리로 다가가면 항상 기대 이상의 효과를 거두곤 했다. 1년을 함께 지낸 후 아이들의 편지를 읽어 보면 공부에 대한 내용보다는 내가 수업시간 중에 해준 각종 이야기들이 많았다. 나는 그것을 스토리의 힘이라고 생각한다. 사람은 누구나 자기만의 이야기를 하고 싶고, 다른 사람들의 독특한 이야기를 듣고 싶어 하기 때문이다.

그럼 이런 독특하고 탁월한 이야기는 어떻게 만들어지는 것일까?

나는 성공과 실패의 굴곡에서 나온다고 생각한다. 세상에서 줄곧 승승장구할 수만은 없다. 누구나 실패의 쓴맛을 맛보게 된다. 그러나 실패라고 해서 다 같은 실패가 아니다. '긍정이 걸작을 만든다'는 말처럼 어떤 상황 속에서도 자신과 가족 그리고 상황을 긍정하면 예상치 못한 '보이지 않는 손'이 그를 꿈길로 인도한다. 뿐만 아니라 새로운 가능성과 기회의 GPS를 준다. 다시 도전하고자 하는 열정의 꿈 재료도 공급해준다.

소망 없던 세일즈 청년 폴 포츠의 드라마틱한 성공은 그가 겪은 실패와 좌절의 경험만큼이나 크게 느껴졌다. 그가 암담한 현실을 탓하며 불평만 했다면 오늘의 영광은 꿈도 꾸지 못했을 것이다. 그는 힘든 현실 속에서 자신의 탁월성을 발견했다. 그리고 그것에 집중했다. 결국 자기만의 탁월한 이야기를 만들어 낼 수 있었다.

오스트리아 연구팀이 미국심장학회에서 발표한 내용에 따르면 내리막길은 혈당을 낮추고, 포도당에 대한 내성을 증가시킨다고 한다. 뿐만 아니라 오르막길은 혈중 중성지방과 콜레스테롤을 감소시킨다고 한다. 내리막길, 오르막길 모두 나름의 유익이 있는 것이다. 이런 삶의 진리를 깨달을 때 우리는 인생의 오르막이든 내리막이든 두려워하지 않고 그 길을 갈 수 있다.

지난주에 혼합계산 단원평가를 했다. 시험을 아주 잘 본 아이들이 있는가 하면, 예상치 못하게 낮은 점수를 받은 아이들도 있었다. 결코 자신의 점수를 알리지도 말고, 남의 점수에도 관심 갖지 않도록 단단히 주의를 줬건만 아이들의 손짓과 표정을 통해 그 아이의 점수를 훤히 알 수 있었다. 어떤 아이는 많이 실망스러웠는지 눈물을 보이기도 했다. 나는 아이들이 이렇게 힘들어하는 것을 보면서 과연 내가 잘하고 있는 것인지 걱정되었다. 하지만 나는 믿는다. 잘한 아이는 잘한 대로, 그렇지 못한 아이도 그가 처한 상황대로 좋은 교훈이 되었을 것이라고.

나는 우리 아이들의 이런 민감한 감정 속에 질서를 부여해주고 싶다. 다양한 색깔들이 뒤죽박죽 섞인다면 탁한 색깔이 나오지만, 색깔에 질서를 주면 생각지 못한 예술작품이 나오기 때문이다.

이것은 아이의 삶에 '히스토리'가 된다. 'HIS STORY' 즉, 아이만의 이야기다. 그러므로 반복되는 성공과 실패의 경험을 제대로 바라볼 수 있도록 도와야 하겠다. 세상에 하나뿐인 소중한 아이들의 삶 속에 우리 아이만의 독특한 삶의 스토리가 만들어지길 바란다.

꿈 너머의 꿈

어렸을 적, 나는 책과는 거리가 멀었다. 독서의 필요성에 대해 들어본 기억이 없다. 그래서 집에는 제대로 된 책 한 권이 없었다. 초등학교 때 학교 도서관에 잠시 들른 적은 있었지만 전혀 흥미가 생기지 않았다. 몸이 근질근질했고 앉아있는 자체가 고문이었다.

다행히 대학 시절 책을 통해 가치관을 정립하고 '어떻게 살아야 할지'를 정할 수 있었다. 삶의 의미와 목적을 감히 정립했다 말할 수 있게 되었다.

조금은 낯선 이름인 홍상진의 《그들은 어떻게 읽었을까》를 소개하고자 한다. 한비야, 구본형, 공병호, 고도원 등 자신의 분야에서 행복한 삶을 살고 있는 사람들의 책을 통해 좋은 독서 방법을 알려주는 내용이다. 서점에 들렀다가 '우리 시대 10인의 멘토들은 과연 어떻게 읽었을까?' 하는 호기심에 무조건 책을 구입해서, 전력 질주하듯 읽어 내려갔다.

다음은 오랫동안 마음속에 남았던 구절이다.

손전등을 가지는 게 꿈이라면 손전등을 자기 발밑만 비추는 게 아니라, 옆 사람까지 비춰줄 수 있어야 합니다. 자기중심적 꿈에서 벗어나 이타적인 삶으로 한 걸음 내딛는 순간 위대한 발걸음이 시작됩니다.(고도원,《꿈 너머 꿈》중에서)

나는 '꿈 너머 꿈'이라는 멋진 말을 발견했다는 것만으로도 흡족하다. 우리 인생을 더 넓은 차원에서 보게 되었다는 표현이 맞을는지 모르겠다. 어쨌든 너무나 단편적인 꿈만을 생각하는 이들에게 한 차원 높게 인생을 고민하며 설계하도록 이끄는 말이라고 생각한다.

나는 일단 교사로서의 꿈은 이루었다. 그렇다면 이젠 더 이상 꿈같은 것은 꿀 필요가 없는 것일까? 그토록 아이들이 꿈꾸는 축구선수, 연예인이 현실로 이뤄진다면 그다음은 무엇이어야 할까? 고민하지 않을 수 없다. 하지만 현실에서는 1차적인 목표가 마치 최종 목표인 것처럼 여기는 경우가 많다.

사람들은 실패와 절망을 두려워한다. 그러나 진짜 두려운 것은 성공 이후에 겪는 절망이다.

그러므로 우리는 꿈 너머 꿈을 생각해야 하고, 아이들에게도 그것을 가르쳐야 한다. 진정한 행복은 꿈 너머 꿈에 있는 것이다. 우리가 겪는 크고 작은 성공과 더불어 실패들마저도 우리 인생의 최종적 꿈을 이루는 일에 요긴하게 쓰일 수 있음을 기억하자.

아이의 티핑 포인트

물은 100도가 되어야만 끓는다는 것쯤은 모두가 알 것이다. 불과 1도가 부족해도 물은 끓지 않는다. 이처럼 주목할 만한 변화가 나타나는 시점을 '티핑 포인트Tipping point'라고 한다.

99도까지 힘겹게 온도를 높여 놨는데도 아무 변화가 없다면 중간에 포기하기 쉽다. 그럼 그때까지 쏟아부은 모든 노력은 물거품이 되고 만다. 99도와 100도의 차이는 불과 1도. 아주 사소해 보인다. 그러나 이 1도가 있고 없고는 엄청난 차이를 낳는다. 마치 1%의 영감이 있고 없고의 차이라고 할 수 있다.

물, 기름, 알코올 등의 물질은 제각각 다른 티핑 포인트를 갖고 있다. 아이들도 마찬가지다. 아이마다 고유의 티핑 포인트가 있다. 물질을 끓는 온도의 높고 낮음으로 차별하지 않듯, 아이들을 비교하는 것도 옳지 않다.

그러나 우리는 어떤가? 안타깝게도 우리가 겪었던 경험들에 기초해서 아이들을 비교하고 판단한다. 손난로처럼 흔들어주기만 해도 스스로 열정을 불태워주기를 기대한다. 그러나 그런 아이는 모 유명 학자에 의하면 0.1퍼센트에 불과하다고 한다.

그럼 나머지 99.9퍼센트의 자녀를 둔 부모는 어떻게 해야 하는 것일까? 아이를 믿어주며 때를 기다려야 한다. 만사를 이루는 것에는 때가 있는 법이다.

앞에서 '모죽'에 대해 말한 바 있다. 다른 나무에 비해 모죽의 티핑포인트는 유난히 길다. 그런 점에서 우리 아이들은 모죽을 닮았다. 수많은 잠재력을 지녔지만 그게 언제 발현될지 아무도 알 수 없다. 하지만 그 인고의 시간을 거치며 묵묵히 준비한다면 언젠가 반드시 위대한 탄생은 시작된다.

《천 번을 흔들려야 어른이 된다》의 저자인 김난도 교수도 이렇게 말했다.

"그대(아이)는 모죽이다. 비등점을 코앞에 둔 펄펄 끓는 물이다."

내가 아는 한 선생님의 자녀양육 이야기를 잠시 소개하고자 한다.
초등학교 저학년 시절엔 누구나 그렇듯 선생님의 아들은 말도 잘 듣고, 공부도 잘했다. 그런데 사춘기에 접어들자 공부와는 아예 담을 쌓아버렸다. 그 누구의 말도 들으려하지 않았다. 자기가 좋아하는 축구만 하려 했다. 그렇다고 축구선수가 될 것도 아니었다. 당연히 성적은 곤두박질쳤고, 심지어 툭하면 사고치는 문제아로 낙인찍혔다. 때문에 선생님은 자주 학교에 불려 다녀야 했다. 이런 아들을 가장 가까이에서 지켜봐야만 했던 어머니의 마음은 어떠했겠는가? 하지만 자녀에 관한 한 포기라는 단어는 있을 수 없다.

선생님은 아들을 믿어주었다. 마음으로 깊이 신뢰해주었고, 따뜻한 관심과 격려를 멈추지 않았다. 얼마든지 '판단하는 나'로 대할 수 있었지만 '지켜보는 나'로 대했다. 그러자 어느 날 아이는 기적 같이 달라지기 시작했다. 왜 공부해야 하는지 깨달은 것이다. 그동안 무시 받고 차별 당한 서러움을 알기에 더욱 이를 악물고 공부하기 시작했다. 선생님은 문제라는 꼬리표를 달고 다니던 아이의 변화가 믿겨지지 않는다고 말했다.

이 이야기를 듣고 느낀 바가 많았다. 성급했던 나의 말과 행동이 아이들의 가능성의 싹을 싹둑 잘라 버리지는 않았는지 두렵기도 했다.

이 순간 아이들에게는 부모의 인내, 신뢰, 격려가 절실하다. 아이들의 마지막 1도는 이런 부모의 역할에 달려있는지도 모른다.

탁월함이 만드는 차이

공병호의 《나는 탁월함에 미쳤다》는 제목부터 왠지 범상치 않았다. 바쁜 학사업무와 각종 행사들을 치르면서 꽤 오랫동안 읽었던 것 같다.

공병호는 자타가 공인하는 성공한 사람이다. 책에는 그가 겪은 숱한 인생 역경들이 고스란히 담겨 있다. 그가 겪었을 인생의 고독함과 냉혹한 현실이 안타까웠다. 하지만 끝내 독수리처럼 절망의 자리를 박차고 일어나 다시 비상했다.

그의 성공은 어느 날 순식간에 이뤄진 것이 아니었다. 젊은 날 그의 탁월한 노력의 결과임이 분명하다. 즉, 그가 이미 뿌려놓은 꿈(성공)의 씨앗들이 있었기 때문에 인생의 가뭄 시절을 무난히 버틸 수 있었다고 생각한다.

그를 보고 불광불급不狂不及이라는 말이 떠올랐다. 그는 과연 탁월함에 미쳐있었다.

그가 말하는 탁월함이란 자기만의 최고의 전문성을 말한다. 어디에 내놔도 부끄럽지 않은 스펙, 실력, 스토리를 말한다.

나는 바빠서 늘 허겁지겁할 때면 마음이 몹시 허탈해지곤 했다. 아직도 많이 부족한 자신의 모습을 마주할 때면 힘이 쭉 빠졌다. 하지만 교사로서 최고의 전문성을 꿈꾸는 순간 상황은 달라졌다. 어디를 향해 뛰어야 할지 모르다가 방향을 찾으니 어디든 뛰어갈 기세가 되었다.

공병호는 책 마지막 부분에서 이렇게 강조하였다.

글쓰기는 세상을 체계적으로 이해하는 한 가지 방법이다.

나는 자주 세상에 대한 체계적인 이해가 부족한 자신을 발견하곤 한다. 이런 내가 아이들을 가르친다는 것이 그저 부끄러울 따름이다. 부끄럽지 않은 교사가 되기 위해 책읽기와 글쓰기를 게을리하지 않아야겠다. 우선, 학부모에게 도움이 될 만한 주제를 정해서 자료를 모은 다음, 편지글 형태의 글을 계속 쓸 생각이다. 이것은 나의 탁월한 노력이 될 것이다.

나만의 한 가지

　'굼벵이도 구르는 재주가 있다'는 말이 있다. 왜 그럴까? 굼벵이는 많은 재주가 있는 것이 아니다. 그래서 자기에게 있는 단 한 가지, 구르는 것에 집중한다.

　'오지랖이 넓다'는 말도 있다. 자신의 일에 온전히 집중하지 못하고, 이런저런 일에 관여한다는 것이다. 많은 것을 하는 것 같지만 실속이 없는 경우를 말한다.

　'한 우물을 파라'는 말은 문어발처럼 온갖 것을 하려들지 말고 한 가지에 집중하라는 말이다. 하지만 우리의 현실은 어떠한가? 만능을 요구한다. 또는 멀티태스커가 되기를 강요한다. 모든 과목을 잘해야 인정받을 수 있다. 그렇다 보니 아이들의 관심사와 능력을 고려한 집중적인 교육이 이뤄지기 어렵다. 국민공통교육과정이라는 그럴듯한 논리를 가지고 너무나 산발적인 교육을 하고 있는 것은 아닌가 생각한다.

한 가지에 집중하는 것은 매우 중요하다. 게리 켈러와 제이 파파산이 쓴 《The one thing》에서는 복잡한 세상을 이기는 단순함의 힘으로 한 가지에 집중하라고 말한다.

에디슨의 한 가지는 발명이었다. 그는 항상 궁금했다. 궁금증을 해결하고자 의욕적으로 실험하고 관련 서적을 탐독했다. 초등학교 시절엔 그의 이런 과도한 호기심이 문제가 되었고, 결국 학교를 그만두기도 했다. 하지만 에디슨의 그 한 가지가 그를 위대하게 만들었다.

박찬호의 단 하나는 야구를 잘하는 것이었다. 메이저리거 시절, 그의 단 하나의 목표는 통산 124승을 거두는 것이었다. 그는 《끝이 있어야 시작도 있다》에서 '야구를 잘하고 싶어서 미칠 지경이었다'며 '항상 낮과 밤 머릿속에는 야구만 있었다'고 말했다.

흔히 사람들은 자신이 가진 재능이 초라하다고 생각한다. 그래서 아무것도 할 수 없다고들 한다. 남과 비교했을 때 상대적으로 초라해 보일 수는 있다. 그러나 그것이 절대적인 것은 아니다. 누구나 나만의 한 가지가 있기 때문이다. 이것을 경험하기 위해서는 자신이 가진 에너지의 한계를 인정하고 그것을 단 하나에 효율적으로 사용할 수 있어야 한다.

하지만 많은 사람들이 자신의 에너지를 쓸데없는 곳에 허비한다. 여러분도 스마트폰을 만지작거리다가 원치 않게 소중한 시간을 날려버린 기억이 적지 않을 것이다. 텔레비전을 보느라, 목적 없이 돌아다니느라 계획 없이 사람들을 만나느라 시간을 허비한다. 이런 식으로 빠져

나가는 에너지는 우리의 상상을 초월한다.

그럼 나의 한 가지는 무엇일까 생각해보았다. 어렵지 않게 가르치는 것이라는 답을 얻었다. 나는 가르치는 게 좋다. 가르치기 위해서는 배움이 항상 전제되어야 한다. 배우는 것도 좋다. 배우고 가르치는 것을 반복하는 나의 일상이 행복하다.

물론 나에게도 에너지 누수현상은 있다. 이런저런 공문을 해결해야 하고, 각종 업무들을 추진해야 한다. 하지만 단 한 가지에 집중하고자 마음먹으니 우선순위 속에서 이런 부수적인 일들은 쉽게 처리된다는 것을 깨달았다. 만약 나에게 단 한 가지가 없었다면 교사로서의 생활은 가르치는 것과는 무관하게 업무에 치여 매일이 지옥 같았을 것이다.

우리 아이들도 아직은 어리지만 나만의 한 가지 찾기를 시작하도록 도와야겠다.

인생을 살맛나게 해주는 것

파울로 코엘료의 《연금술사》를 읽으면서 책의 내용이 평소 나의 교육철학과 상당 부분 일치한다고 느꼈다. 산티아고의 한마디가 기억에 많이 남는다.

"인생을 살맛나게 해주는 건 꿈이 실현되리라고 믿는 것이지."

그의 말에 의하면 생생하게 꿈꾸는 사람의 인생이야말로 정말 살맛나는 것이다. 우리 대부분은 현실과 경험 그리고 상식의 한계를 크게 벗어나지 못한 채 살아가고 있다. 물론 평범한 삶이 잘못되었다는 것은 아니다. 하지만 생생하게 꿈꾸는 삶 자체가 주는 행복을 생각해 본다면, 한 번쯤 평범함은 거부해도 괜찮을 것 같다.

책에는 여러 사람이 등장하는데 연금술사와 늙은 왕도 같은 말을 했다.

"사람이 어느 한 가지 일을 소망할 때, 천지간의 모든 것들은 우리가 꿈을 이룰 수 있도록 뜻을 모은다네."

《왓칭》에서도 이와 같은 이야기를 양자물리학의 실험적 증거를 근거로 이야기하고 있다. 그러니 전혀 현실적이지 않은 이야기라고 치부할 수는 없지 않을까?

자신의 삶에서 일어나는 좋은 일들을 깨닫지 못하는 사람들에게는 하루하루가 매일 해가 뜨고 지는 것처럼 똑같을 수밖에 없다!

이 말은 다람쥐 쳇바퀴 돌 듯 살아가는 생활인의 삶에 빗댈 수 있다. 매일 그저 그렇고 지겹기까지 한 삶을 살고 있다면 진정 살아있다고 할 수 없을 것이다.

그렇다면 이런 삶에서 벗어날 수 있는 평범한 진리는 무엇일까? 바로 '삶에서 일어나는 좋은 일들'을 깨닫는 것이다. 이를 위해 매순간 작더라도 좋은 일들을 찾고자 하는 자세가 필요하다.

아들이 코코아를 마시다가 노트북에 엎지른 적이 있다. 얼른 전원을 끄고, 노트북을 휴지로 닦아내고 헤어드라이기로 말렸다. 그런데 자판들이 오징어 쪼그라들듯 구겨지는 것이 아닌가? 눈치만 보는 아이는 혼날까봐 어쩔 줄 몰라 했다.

하지만 '판단하는 나'로 반응하지 않고, '지켜보는 나'로 반응하자 일단 내 마음이 차분해졌다. 곧장 서비스센터로 달려갔다. 수리비가 많이 들 것이라는 예상과는 달리 아주 저렴한 비용으로 자판을 교체하고 세척까지 할 수 있었다. 그동안 해결하지 못하고 있었던 비디오카드 드라이버까지 해결 받고 나니 새 노트북이 되었다.

무심코 생각하면 불행한 일이었지만 그 속에서 좋은 것을 찾으니 실제로 좋은 일들이 생겼다. 앞으로 아들은 더 조심할 것이고, 나는 화가 나는 상황에서도 함부로 감정을 폭발시키지 않고 차분하게 대처해 나갈 것이다. 이보다 더 좋은 일이 어디 있겠는가?

"자아의 신화를 사는 자는 알아야 할 모든 것을 알고 있다네. 꿈을 이루지 못하게 만드는 것은 오직 하나, 실패할지도 모른다는 두려움일세."

세 얼간이 중 하나인 라주는 두려움 때문에 형식적인 종교의식을 행하고, 친구의 진실 된 제안도 받아들이지 못했다.

두려움의 모양은 다양하다. 그러나 '지켜보는 나'는 자신을 신뢰한다. 자기 자신을 믿고 신뢰할 수 있다면 여유를 가지고 자신의 재능을 충분히 발휘할 수 있다.

또 한 가지 인상적인 문구가 있다. '마크툽'으로 '기록되어 있다', '어차피 그렇게 될 일이다'라는 뜻이다. 이 말은 소설 곳곳에 등장하는데 나는 그것을 '적자생존적는 자가 생존한다'이라는 우리 반 급훈과 연계해 보았다.

옛말에 '하늘은 스스로 돕는 자를 돕는다'고 했다. 스스로 돕는다는 것은 무엇일까? 가능성을 찾고 그 가능성을 열심히 기록하는 것이 아닐까? 아이가 원하는 하루의 모습들이 있을 것이다. 이것을 일기에 기록한다면 멋진 '미래일기'가 될 것이다.

초등학교엔 아이들마다 '생활본'이 있다. 한때 생활본에는 '행복 눈맞춤 출석부'라는 게 있었다. 아이가 '답답하다'고만 기록한다면 그 답답함은 아마 해결되기 쉽지 않을 것이다. 하지만 '답답하지만 기대된다'라고 적는다면 곧 나아진다는 기대를 할 수 있다.

우리 반에서는 이미 알림장의 두 줄 GPS^{깨달음}를 통해 '교사-학생-학부모'의 행복 눈맞춤을 실천하고 있다. 아이들의 평범한 일상 속에 꿈같은 반전드라마가 펼쳐지길 기대해본다.

"어떻게 미래를 짐작할 수 있을까? 그건 현재의 표지들 덕분이지. 비밀은 바로 현재에 있네. 현재에 주의를 기울이면, 현재를 더욱 나아지게 할 수 있지. 신께서 당신의 자녀들을 돌보신다는 믿음을 가지고 살아야 하네. 하루하루의 순간 속에 영겁의 세월이 깃들어 있다네."

'하루하루의 순간 속에 영겁의 세월이 깃들어 있다'는 구절에서는 왠지 모를 감동이 느껴졌다.

자아의 신화를 이뤄내는 일을 해내기 위해서는 하루를 어떻게 보내는가가 매우 중요하다. 우리 모두 보물을 찾듯이 현재의 표지들을 유심히 살피면서 매일 최선을 다해 꿈꿨으면 한다.

진로테마파크에서 사는 법

'키자니아'에는 총 70여 개가 넘는 체험공간이 있다. 관계자에 따르면 하루 정해진 인원만 받고 있다고 한다. 요즘 일선 학교들의 진로교육에 대한 관심과 열의가 대단해서 아마도 인원을 정해 놓은 것 같다.

대개 4~6명이 한 모둠을 이뤄 체험하기 때문에 모둠별로 하나가 되어야 한다. 서로의 의견을 존중하고 양보하는 마음과 빠르게 소통하는 자세가 요구된다.

나는 키자니아를 '키즈+아니야!'로 해석해보았다. 이제는 아이가 아니라는 것이다. 스스로 직업의 세계를 알아보고 자신이 원하는 세상을 꿈꿔볼만하다는 뜻이다. 아이마다 수준의 차이는 있지만 이 사회의 소중한 일원으로 준비되고 있음을 생각할 때 참 대견하고 기특하다.

나는 주로 아이들의 활동모습을 지켜보면서 열심히 카메라에 담아볼 생각이다. 평소 교실에서 볼 수 없었던 아이들의 진면목들이 나올

100

것이다. 사사건건 이래라저래라 했던 분위기에서 벗어나 세상을 경험해보는 4시간이 아이들에게 어떤 의미로 남을지 기대된다.

공식적인 체험은 10시에 시작된다. 입구는 하나, 출구도 오직 하나다. 그래서 교사는 마음 놓고 아이들을 모둠별로 흩어지게 한 뒤 활동에만 몰입하도록 도울 수 있다. 아이들의 손목에 둘러진 인식표에는 활동한 내역들이 시간대별로 기록된다고 한다. 2시간 정도 체험을 한 후엔 점심식사를 하고 곧이어 또 2시간여의 체험을 하면 행사는 종료된다.

이 체험학습장에서 쓰이는 '키조'라는 특이한 화폐가 있다. 키조 활용을 통해 아이들은 경제활동까지 배울 수 있다. 아이들이 열심히 체험에 참여하는 것은 열심히 일을 하는 것에 해당한다. 일한 대가로 주어지는 일종의 돈이 바로 키조다.

입장하면 기본적으로 50키조를 받는다. 이것은 아이들에게 있는 일종의 능력상자다. 이것을 근거로 일을 하여 돈을 받고, 돈으로 저축을 하거나 소비를 해본다.

체험 하나를 마치면 대개 5에서 10키조를 대가로 받는다. 반면 햄버거 체험의 경우는 오히려 15키조를 내야 한다. 원하는 것을 얻기 위해서는 열심히 일해서 키조를 모아야만 한다는 것을 배우게 된다.

아이들이 햄버거 체험장으로만 몰릴 수 있다. 이로 인해 기다리느라 정해진 시간 동안 많은 체험을 못 할 수도 있다. 따라서 전략이 필요하다. 우선, 아이가 비어 있는 체험장으로 가도록 유도해야 한다. 일단 많은 체험을 하면서 다음을 기약하도록 하는 것이다.

내가 어렸을 때만 해도 이런 진로교육이 제대로 이뤄지지 않았다. 그래서 진로를 정하는 것이 정말 쉽지 않았다. 하지만 우리 아이들에게 만큼은 그런 어려움을 겪게 하고 싶지 않다. 자신이 하고 싶은 일이 무엇인지, 무엇을 잘할 수 있는지 충분히 생각해보고 경험해볼 수 있도록 돕고 싶다. 단지 먹고 살기 위해 직업을 찾는 것이 아니라, 자신의 꿈을 마음껏 펼치고 성취하며 사회에 기여할 수 있는 아이들이 될 수 있으면 좋겠다.

아직은 너무 이르다고 생각하는가? 절대 그렇지 않다. 자기 자신에 대한 공부는 빠를수록 좋다. 진로교육이라고는 하지만 결국 '사는 법'을 배우는 것이다. 실제로 미국에서는 진로교육을 이렇게 정의 내리고 있다. 어떻게 살아야 할지 아이 스스로 고민하게끔 하는 것이야말로 가장 효과적인 교육법이라 생각한다.

직업의 세계로 떠나는 여행

진로교육은 일회성 교육으로 머물기 쉽다. 그래서 교육적 효과를 기대하기 쉽지 않다. 우리 학급에서는 영양가 있는 진로교육을 지속적으로 진행하고자 다양한 시도를 하고 있다.

최근 새로 시도한 것이 있다. 일명 '직업탐구프로젝트'로서 일종의 프로젝트 학습이다. 이를 위해 '직업여권'을 제작했다. 어느 날 '직업의 세계를 여행하듯 경험해보면 어떨까?' 하는 생각이 들었다. 그리고 그것을 딱 한 번 아이들에게 언급했을 뿐인데 참 고맙게도 "언제 시작해요?"라고 거듭 질문했다. 그래서 떠밀리듯 제작하게 되었다.

세계여행을 위해 여권이 필요하듯이 직업의 세계를 여행하려면 직업여권이 필요하리라 생각했다. 여권은 우리로 하여금 다른 나라에 입·출국을 할 수 있게 하는 일종의 신분 자격증이다. 직업여권도 같은 원리이다. 직업의 세계를 흥미롭게 오가면서 탐색하도록 도와주는 일종의 도우미다.

요즘은 해외여행이 많이 대중화되었다. 내가 처음으로 해외에 다녀온 것은 2001년 인도네시아였다. 이국적인 거리 풍경, 신기한 열대 과일들은 나의 이목을 사로잡기에 충분했다. 두리안이라는 열대과일의 맛은 정말 충격적이었다. 어떻게 이런 과일이 지구상에 있을 수 있는지 경이롭다는 생각마저 들었다. 내가 알고 있던 맛의 세계가 다라고 생각했는데 큰 착각이었다.

직업의 세계도 마찬가지다. 이미 알고 있는 직업이 있다 해서 직업의 세계를 다 알고 있다고 착각하는 경우가 적지 않다. 미지의 직업은 많다. 잘 몰라서 낯설고 어색하거나, 잘 모르기 때문에 더 알고 싶은 직업도 있다. 헤아릴 수 없을 만큼 많은 직업이 우리 곁에 있다.

나는 어렸을 때 아는 직업이 고작 농부, 선생님, 판매원, 경찰, 군인, 소방관 정도였다. 사실 이마저도 정확히 알지 몰랐다. 보고 들은 것이 없다 보니 '무엇이 되고 싶다', '이런 일을 하고 싶다'는 열망이 없었던 것 같다. 이때 직업의 세계를 한 번만이라도 탐색해보는 시간이 있었다면 나의 진로가 바뀌었을지도 모를 일이다. 다행히 나는 아이들을 가르치는 일이 참 행복하다.

'직업여권'(직업여권 제작법은 꿈꾸는 방 카페에 올려놓았다)의 활용법에 대해 간략히 소개하고자 한다.

첫째, 다양한 직업나라 탐색하기

관심이 있는 특정 직업나라를 여러 번 다녀올 수 있다. 예를 들어, '과학자'라는 나라를 한 번만 다녀와야 한다는 법은 없다. 수십 번 다녀와도 늘 새로운 것을 보고 배울 수 있기 때문이다. 아이의 관심이 특정하다면 그 분야를 계속 파고드는 것도 나쁘지 않다. 하지만 가급적 흥미와 관심을 끄는 직업나라들을 다양하게 체험하길 바란다.

우리 반은 야심차게 위인전 읽기 프로젝트를 진행하고 있다. 그래서 위인의 직업과 연계하여 직업나라를 체험해 보기도 했다. 예를 들어 미켈란젤로를 읽을 경우 '화가 나라'에 다녀올 수 있다. 에디슨은 '발명가 나라', 이순신은 '군인(해군) 나라', 유일한은 '사업가 나라'와 연계할 수 있다.

둘째, 입국 계획 세우기

간단히 단어 중심으로 기록한다. 무엇을 어떻게 알고 싶은지 계획을 세우는 단계다. 예를 들어, '발레리노 나라'라면 '발레리노 되는 법', '유명 발레리노', '발레리노 공연체험', '발레리노 인터뷰', '발레리노의 하루' 등을 '입국 계획'란에 기록한다.

입국 계획이 끝나면 부모에게 승인을 받는다. 부모는 아이의 입국계획이 실행되도록 도움을 줄 수 있기 때문이다. 발레공연 체험의 경우가 그렇다. 입국계획은 주로 창·체시간에 진행할 계획이다. 하지만 얼마든지 가정에서도 진행이 가능하다. 아이가 자기 주도적으로 할 수 있게 된다면 더할 나위 없이 좋을 것이다.

셋째, 직업나라 체험 방법 생각하기

쉽게 말해 어떤 방법으로 직업나라에 다녀올 것인지 생각하는 것이다. 직업에 대한 책읽기, 인터넷 검색, 직업탐방, 직업동영상 시청, 직업인 인터뷰, 직업테마파크, 직업 박람회, 위인전 읽기, 친구 부모님 일터 방문하기 등이 있다.

넷째, 입국 결과 기록하기

직업체험이 끝나면 '입국 결과'란에 알게 된 내용들을 기록한다. 가급적 요점 정리하듯 중요한 내용들을 중심으로 기록한다. 기타 자세한 내용들은 별도 용지에 기록해도 된다. 입국 결과는 담임선생님(부모님)의 승인을 받는다. 승인을 표시하는 스탬프의 개수는 직업세계에 대한 아이의 견문이 어떠한지를 간접적으로 말해준다. 입국 결과는 가정에서 기록 후 매주 1회 제출하도록 했다.

다섯째, 꾸준히 다녀오기

짧은 시간에 많은 나라를 다니기보다는 주말을 활용해서 꾸준히 다녀오는 것이 좋다. 이는 직·간접적인 방법 모두를 포함한다. 여권에 많은 내용을 기록하지 말고 핵심 내용을 중심으로 실속 있게 정리하는 것을 추천한다. 체험한 직업에 대한 나의 흥미도를 평점으로 나타내보는 것도 좋다.

여섯째, 소장 가치 만들기

직업여권은 '입학사정관제'를 준비하는 아이만의 스토리이다. '스토리가 스펙을 이긴다'는 말이 있다. 이 직업여권은 아이만의 스토리를 만들어줄 것이다. 그만큼 애정을 가지고 활동하면 좋겠다. 여권 1권이 다 채워지는 그날, 우리 아이만의 특별한 이야기들이 쏟아질지 모른다. 나만의 스토리인 만큼 탐구 결과물들을 소중하게 보관할 수 있도록 지도해야 한다.

나만의 꿈꾸는 통장

초등학교, 중학년 정도만 되어도 아이들은 제법 자기 꿈에 대해 자부심이 있다. 물론 그 꿈은 수없이 바뀌기도 한다. 아직은 삶에 대해, 내가 누구인가에 대해, 꿈 자체에 대해 이해가 많이 부족한 것이 사실이다. 하지만 아이들의 꿈에 대한 흥미와 관심만큼은 어른보다 훨씬 순수하고 열정적이다.

3, 4학년 아이들은 진로활동 중에서도 자기이해활동을 시작하는 단계다. 그것이 발전하여 5, 6학년 때는 실생활 속에서 자기를 이해하게 되고, 중학교 단계에서는 꿈이 구체화될 것이며, 고등학교 때는 구체적으로 꿈에 대해 준비하게 될 것이다.

중요한 것은 초등학교 시절에 자기이해활동이 충분이 이뤄져야 한다는 것이다. 내가 누구인지, 무엇을 좋아하는지, 무엇을 잘할 수 있는지, 어떻게 하면 더 잘할 수 있는지에 대해 묻고 답하는 자기탐구활동이 활발하게 이뤄져야 한다. 하지만 안타깝게도 대부분은 충분히 자기 탐구를 하지 못한 채 점수 올리기 단계로 직행하는 것 같다.

그래서 우리 반에서는 좀 더 내실 있는 진로활동을 진행하고자 다양한 노력을 기울이고 있다. 위인전 읽기 프로젝트도 그중 하나다.《꿈을 이루는 6일간의 수업》,《(어린이용, 청소년용) 꿈꾸는 다락방》을 읽어주고 있고, 매일 두 줄 GPS도 쓰고 있다.

여기서는 아이들이 나만의 꿈 재료를 찾고, 이를 활용하여 꿈을 준비하도록 돕는 '꿈통장' 활용법을 소개하고자 한다.

나는 돈, 시간, 재능 등 모든 것이 '통장의 원리'를 따른다고 생각한다.

은행에 저축한 돈은 언제든 쓸 수 있는 능력의 상징이다. 이 돈은 각자 원하는 일을 이룰 수 있도록 유용하게 쓰인다. 재능도 마찬가지다. 누구나 태어나면 원하든 원치 않든 '재능통장'이 개설된다. 상속 받은 재능도 있고, 재능계발을 통해 차곡차곡 쌓인 재능도 있다. 이 재능들도 꿈을 이루는 일에 유용하게 사용된다. 많은 사람들이 자신의 재능을 기부(이체·투자)하기도 한다. 더 큰 꿈을 이루기 위해서는 더 많은 재능(자본금)이 필요하다. 그러므로 자신이 가진 재능을 돈을 불리듯 키워야 하는 것이다.

이런 원리로 '꿈통장'을 만들었다. 그리고 이 통장에 입꿈(입금)되는 것들을 꿈 재료라고 이름 지었다. 그럼 꿈 재료가 될 수 있는 것에는 무엇이 있을까?

우선 각종 '깨달음'이 있다. 크고 작은 성공이나 갖가지 시련 속에서 발견하게 되는 깨달음이다. 자녀에게 꼭 가르쳐주고자 하는 '삶의 지혜', 위인전을 읽다가 발견한 '감동스런 문구'도 좋은 꿈 재료가 된다. 교과수업시간에 배우는 '배움의 내용', '삶의 자세'도 꿈 재료가 될 수 있다.

내가 읽어주던 《진짜 공부》(이지성 지음)라는 책에서는 '할 수 있다고 생각하고 도전하기'라는 멋진 꿈 재료를 발견할 수 있었다. 너무 기분이 좋아서 아이들에게 일괄 이체하기도 했다. 이체 받은 것은 각자 지출(활용)하면서 그에 따른 이자(달라진 점)를 생각해볼 수 있다.

'지출'란에는 구체적으로 어떻게 사용했는지 세부내용을 기록하면 좋다. 사용횟수를 표시하는 것도 좋은 방법이다. 엄마 아빠도 각종 삶의 지혜들을 이체의 방법으로 자녀의 꿈통장에 넣어줄 수 있다. 직접 엄마 아빠의 필체로 꿈 재료를 이체시키고, 출처에 이체자를 '부모님'이라고 써주면 된다.

✄ 꿈통장 예시 ✄

날짜	입꿈		지출		이자 (달라진 점)
	꿈 재료	출처	활용/적용	활용 횟수	
2014. 6.16	할 수 있다고 생각하고 도전하기	《진짜 공부》, 선생님	수영	正	자유형을 마스터함
			시험공부	正	시험 점수 평균 95점
			친구사귀기	正正	베스트프렌드 생김
			일찍 자고 일찍 일어나기	正正	지각하지 않음, 아침에 몰입독서를 충분히 하게 됨

이후 아이들은 자기만의 꿈 재료를 소중히 여기면서 생활 속에서 지출하는 법을 배워야 한다. 꿈 재료는 열심히 모으기도 해야겠지만 그것을 어떻게 지출할 것인지 궁리하는 것이 더 중요하다. 어떻게 하면 꿈 재료를 잘 활용해서 꿈을 이뤄갈 것인지 고민해야 한다.

꿈 재료는 아무리 많이 사용해도 절대 줄거나 없어지지 않는다. 오히려 복리의 원리처럼 마구 늘어난다.

나는 아이들이 이 꿈통장을 평생 사용할 수 있기를 야심차게 바라고 있다. 아직은 아이들의 꿈 재료가 어설퍼 보이기도 한다. '뭐 이런 게 도움이 되겠어?'라고 생각할 수도 있다. 하지만 아이들의 꿈이 생생해질수록 이 꿈 재료들이 유용하게 쓰일 것이라 확신한다.

꿈 재료들은 아이들이 발견한 소중한 꿈 자산이다. 부모나 친구가 이체해준 꿈 재료는 최고의 선물이 될 것이다. 먼 훗날 꿈통장을 보면서 아이들이 부모님의 관심과 사랑을 느끼길 바란다.

토털 인텔리라는 꿈

조승연 씨는《그물망 공부법》을 통해 독특한 공부법을 소개한다.

그는 처음부터 능력 있는 사람이 아니었다. 나름대로 고난을 겪으며 학창시절을 보냈다. 친구들 사이에서 좋은 관계를 맺지 못했던 그는 왕따를 당하기 일쑤였고 여러 차례 얻어맞기도 했다. 학교성적도 좋지 않았다. 부모가 맞벌이를 했기 때문에 외로움은 더욱 커져갔다. 하지만 지금 그는 전혀 다른 멋진 모습으로 우리들 가운데 우뚝 서 있다.

그의 성공비결은 롤모델에 있었다고 생각한다. 그는 조금 유치하기는 하지만 007시리즈를 보면서 영화 속의 화려한 액션보다는 주인공의 '토털 인텔리'적인 모습에 주목했다. 제임스 본드를 생각하면서 꼭 그 사람처럼 되겠다고 다짐하였다.

하지만 어머니를 따라 미국으로 이주하면서 더욱 쉽지 않은 나날이 계속되었다. 선생님의 말씀을 잘못 알아듣는 바람에 비웃음을 당하기도 했고, 좋아하는 이성친구가 있어도 말 한마디 제대로 건넬 수 없었다. 절망의 나날이었다.

이런 그를 붙들어준 것이 있었다. 바로 꿈이었다. 여전히 그에게는 멋진 토털 인텔리가 되겠다는 분명한 목표가 있었던 것이다.

토털 인텔리란 프랑스 철학자 장 폴 사르트르가 창안한 개념이다. 오늘날도 이런 인재를 기르는 엘리트 교육이 일부 계층에서 지속되고 있다고 한다. 조승연 씨는 토털 인텔리의 개념을 이렇게 말한다. 정답을 달달 외우는 부지런한 습관과 뛰어난 암기력보다 옳고 그른 것을 골라낼 줄 아는 안목과 공부의 멋을 아는 철학으로 공부하는 사람. 이런 인텔리가 어떤 경쟁에서도 여유 있게 이길 수 있다는 게 그의 주장이다.

그는 《그물망 공부법》에서 오늘날의 교육에 대해 이렇게 지적하고 있다.

대부분의 학교는 예전 귀족 자제들이 배우던 감성과 예술적 안목, 깊은 사고력 등을 기르는 인성 교육은 생략할 수밖에 없는 실정이 되었다. …중략… 항상 시간에 쫓기고 눈앞의 성적에 급급해하며 공부하는 사람은 얄팍하고 단기적인 공부에 시간과 에너지를 모두 소진하게 돼 진정한 지식을 쌓을 시간과 여유를 만들지 못한다.

나도 같은 생각이다. 오늘날의 교육은 아이들을 항상 시간에 쫓기고 성적에 급급하게끔 만든다. 부모가 자녀에게 열심히 공부하라고 하는 이유가 무엇인가? 그것은 자녀가 멋지고 풍요로운 삶을 살아주기를 바라는 마음 때문이다. 그러나 결국 생존만을 목표로 하는 삭막한 공부가 되고 있지는 않은가?

저자는 공부를 탁월하게 잘할 수 있는 방법이 있다고 말한다. 그것은 바로 미술 작품처럼 감상하는 것이다. 저자의 말에 따르면 예술적 안목이 있을 때 더 탁월하게 배울 수 있다. 또한, 감성으로 공부하면 하나를 배워도 새로운 안목이 생기고, 관련 지식들이 기하급수적으로 연결되면서 더 넓은 지식의 그물망으로 확장된다.

여기서 두 단어에 주목하게 된다. 감상과 감성이다. 감상은 감성에 의해 길러진다고 생각한다. 감성도 감상에 의해 길러질 수 있다. 섬세하고 예민한 감성을 가진 아이는 사람의 마음을 더 잘 읽는다. 감성이 풍부하면 인간관계도 좋아지겠다는 생각이 들었다. 저자도 어린 학생시절엔 친구들과의 갈등이 많았다. 하지만 감상과 감성의 달인이 되자 누구보다 많은 친구들과 좋은 관계를 맺으며 활발하게 생활할 수 있었다.

감성 중에 가장 중요한 요소를 그는 감동이라고 하였다. 그는 "감동은 암기의 어머니다. 사소한 일에도 깊은 감동을 받아야 더 많은 현상을 암기할 수 있다. 사소한 일에도 감동을 받으려면 현상의 미묘한 차이에도 마음이 뭉클해지는 감성이 살아 움직여야 한다"고 말한다.

지금부터라도 아이들에게 시험 요령을 익히는 얄팍한 공부 대신 기초 지식끼리 연결하는 방식의 공부, 삶의 가치를 높여주는 공부를 할 수 있도록 도우려 한다. 그래서 평소 실력만으로도 시험의 종류나 유형에 관계없이 높은 성적을 거두며 실력을 뽐낼 수 있으면 좋겠다.

이를 위해 나는 아이들이 공부를 재미있고 짜릿하다고 느낄 만한 감성수업을 시도하고 있다. 사소한 것에도 감동받을 줄 아는 높은 감성을 길러주기 위해 오늘도 노력하고 있다.

알파벳도 모르던
축구선수, 변호사 되다

　알파벳도 모르던 축구선수가 독학으로 변호사가 되었다고 하면 모두 신기하게 생각한다. 이야기의 주인공은 이중재 변호사다. 그는 축구를 열심히 하느라 공부에는 관심이 없었다. 아무리 그래도 그렇지 스무 살이 넘도록 알파벳을 몰랐다는 것은 믿기지 않는다. 축구 외에 다른 진로는 전혀 생각조차 하지 않았던 것이 분명하다.

　이랬던 그가 어느 날 부상을 당한다. 더 이상 선수생활을 할 수 없을 정도의 심각한 부상이었다. 그의 책 《독학의 권유》에서 그는 자의반 타의반으로 축구를 그만두자, 길을 잃은 어린아이처럼 세상이 두려웠다고 고백했다. 그러나 우연히 펼쳐든 책이 그의 운명을 바꿨다.

　스무 살이 넘어서 고시공부를 시작할 때 주위 사람들은 '요즘 개나 소나 다 고시를 보느냐'라고 비웃었다고 한다. 그는 학창시절 5분도 채 책상에 앉아있기 힘들어하던 사람이었다. 이런 그가 4년 6개월 만에 독학으로 고시에 합격했다. 이 책에서 두 가지 꿈 재료(이중재,《독학의 권유》의 챕터 1, 2, 3, 4를 참고함)를 찾아보았다.

첫째, 걱정을 줄여 성취감을 높여라

아이들의 일기, 두 줄 깨달음을 보면 아이 나름의 걱정들이 늘고 있다는 것을 알 수 있다. 아이들에게 지금은 인간관계문제, 성적문제 또는 이성친구문제 등의 걱정으로 머릿속이 조금씩 복잡해지는 시기다.

한번은 후배가 집에 놀러와 아내에게 고민을 털어놓았다. 그리고는 '저의 걱정인형이 되어주셔서 감사합니다'라고 말했다.

걱정이 없을 수는 없지만 자꾸 생기는 걱정들을 이런 식으로 어느 정도 털어버릴 수는 있다. 걱정은 짓누른다고 해서 없어지지 않는다. 아무리 어두워도 전등을 켜기만 하면 금방 환해지듯이, 걱정을 털어버릴 수 있는 '빛'과 같은 힘이 필요하다.

언제 '환해짐'을 경험하는가? '나도 할 수 있다'는 긍정적인 마음 생길 때, 도전한 끝에 성취의 즐거움을 맛볼 때, 한마디 칭찬과 격려의 말을 들을 때, 때로는 나를 괴롭히던 걱정이 어느 순간 아무것도 아닌 것처럼 느껴질 때 우리의 마음은 환해진다.

이렇게 마음을 가볍게 해야 비로소 전력을 다해 뛸 수 있다.

다시 걱정꺼리들이 생길 수도 있다. 하지만 크고 작은 성취를 즐기다 보면 긍정은 커지고, 부정은 작아진다. 더욱 가벼운 마음으로 무엇이든 도전할 수 있다.

이중재 변호사가 공인중개사 책을 만난 것은 우연한 기회였다. 하지만 그 우연한 만남은 그의 인생을 바꾼 운명이 되었다.

4학년 국어책에 등장하는 '독서의 힘'이라는 글에는 세상을 바꾼 독서광들을 소개하고 있다. 세종대왕은 '백독백습百讀百習'의 습관을 통해 꾸준히 공부하여 왕이 될 기회를 잡을 수 있었다.

링컨은 독학으로 공부하여 변호사가 되었다. 그는 우연히《톰 아저씨의 오두막집》이라는 책을 읽다가 노예해방이라는 꿈을 갖게 되었다. 결국 그 꿈이 실현되기에 이르렀다.

이렇듯 꿈을 성취하고, 운명을 바꾸고, 세상을 바꾸는 것은 바로 학습이다.

독학은 獨學이라는 뜻이지만 毒學이기도 하다. 독학獨學은 영어로 'learn by myself'다. 두 단어를 합쳐 '즐기면서 스스로 독하게 공부할 수 있는 것'이 진정한 학습력이라고 생각한다.

사실 이 정도의 학습력을 갖고 있는 아이는 흔치 않다. 그러니 아이들이 원대한 꿈과 비전을 가지고 즐겁게 학습할 수 있도록 지속적으로 도와야 한다. 이것은 일종의 '빅 픽처Big picture'이다. 빅 픽처가 있는 아이들은 한결같다. 쉽게 휩쓸리지도 않는다.

바닷물은 겉으로는 어디를 향해 흐르는지 전혀 알 수 없다. 그러나 바다 깊은 곳에는 거스를 수 없는 거대한 저류가 흐르고 있다. 아이들은 이런 바다와도 같다. 겉으로는 밀물과 썰물처럼 이랬다저랬다 반복하는 것 같다. 그래서 한심하게 보일 수도 있다. 하지만 그 깊은 곳에서는 저류가 흐르고 있다. 이것을 우리는 '저력底力'이라 부른다.

부모로서 매일 아이들의 스케줄을 챙기는 것보다 훨씬 더 중요한 것은 아이들의 저력을 발견해서 발전시킬 수 있도록 도와주는 것이다.

끝으로 책에 제시된 GPS들을 소개하면서 글을 마치겠다. 아이들에게도 소개해주고 그 의미를 함께 생각해보면 좋을 것이다.

어설프게 하는 것을 경계하라.

분명한 목표의식을 가져라.

자신과의 싸움에서 지고 경쟁에서 이기는 사람은 없다.

천천히 가는 것을 무서워 말고 뒤로 가는 것을 두려워하라.

누구도 흉내 낼 수 없는 나만의 이야기를 만들어라.

변명과 자기 합리화는 쓰레기통에 버려라.

궁리하라 그리고 도전하라.

모든 삶의 현장을 배움의 터전으로 만들어라.

제레미 린의 꿈과
도전 그리고 성공

제레미 린은 중국계 미국인이다. 그는 모두가 부러워하는 하버드대 경제학과에 입학했다. 세계 최고의 대학에서 경제학을 공부한 후 최고 연봉의 대접을 받는 보장된 길을 갈 수 있었다. 하지만 그에게는 NBA 에서 세계적인 농구선수로서 뛰고 싶은 꿈도 있었다. 결국 그는 공부와 운동을 병행했다.

대개 운동선수가 되고자 하는 사람들은 공부를 등한시하는 경우가 많다. 앞서 말한 이중재 변호사도 그랬다. 20년 동안 축구만 하느라 알파벳조차도 모를 정도였다. 그러나 린은 농구를 한다 해서 공부를 중단하거나 소홀히 하지 않았다. 한 손에는 책을, 다른 한 손에는 농구공을 들었다. 이것만 봐도 린은 대단한 집념의 사람임이 틀림없다. 두 마리 토끼를 잡는 것은 불가능하다고들 한다. 모두 한 우물만 파야 한다고 한다. 하지만 잡다한 관심사를 접고, 모든 에너지를 이 두 개에 집중할 수만 있다면 불가능할 것도 없다.

전미 최고의 고등학생으로 선발된 바 있는 《공부는 내 인생에 대한 예의다》의 저자 이형진 씨도 공부만 한 것이 아니었다. 테니스, 바이올린, 뮤지컬 등 자신이 하고 싶은 일이라면 도전하는 데 주저하지 않았다. 그는 아이비리그를 포함해 9개의 대학에 합격했다.

다시 린의 이야기로 돌아가면, 린은 하버드를 졸업하고 골든스테이트팀에 입단했다. NBA에서 받아줄 수 있을 정도의 기량을 갖췄다는 뜻이다. 그러나 그의 성적은 25게임 평균 2.6점에 불과했다. 그의 존재감은 새의 깃털보다 가벼웠다. 농구를 좀 한다 했는데 NBA에 와보니 그의 실력은 '새발의 피'였다. 그는 결국 팀에서 방출되고 만다. 그 뒤, 시험 삼아 그를 트레이드했던 팀으로 들어갔지만 2주 만에 다시 방출되었다. 선수로서 가장 치욕적인 사건이었다. 이런 상황에서 린이 할 수 있는 최선은 농구선수의 꿈을 접고 다시 경제학도로서 시작하는 것이었다. '이래 봬도 하버드대 출신인데 이런 수모를 겪다니 보란 듯이 성공해서 진가를 보여줘야지' 하며 오기를 부릴 수도 있었다.

그러나 린은 결코 포기하지 않았다. 그저 연습에 연습을 거듭했다.

191cm, 91kg의 신체조건도 NBA에서는 단신에 불과하다고 한다. 실제로 경기장에서 팀 동료들과 함께 서 있는 모습을 보면 린의 신체조건이 열악하게 느껴졌다. 하지만 린은 이런 힘든 상황과 조건을 신경 쓰지 않았다. 오로지 자신의 목표에 집중했다. 얼마나 고되고 혹독한 연습을 했던 것일까? 이후 그의 기본기는 누구에게도 떨어지지 않

을 만큼 탄탄해졌다.

드디어 운명의 기회가 찾아왔다. 뉴욕 닉스가 시험 삼아 그를 트레이드한 것이다. 하지만 한 달 정도의 계약 선수로 그마저도 벤치 신세였다. 뛰고 싶어도 뛸 기회가 없었다.

그러나 이미 모든 면에서 준비된 그는 마음의 여유가 있었다. 세상을 바라보는 눈, 자기 자신을 바라보는 눈, 동료들을 바라보는 눈이 달라졌다. 편협했던 과거와는 달리 인생을 길게 보게 되었다. 자신이 농구를 얼마나 잘하는지 보여줘야 한다는 강박관념에 사로잡히지도 않았다. 이런 그의 입과 손에서는 따뜻한 응원의 함성과 박수소리가 터져 나왔다.

다시 방출될 수밖에 없는 운명의 날 이틀 전, 기회가 왔다. 주전선수들의 잇단 부상으로 어쩔 수 없이 린이 뛰게 된 것이다.

그런데 기적이 일어났다. 짧은 시간 안에 그는 25득점의 활약을 보이며 팀을 승리로 이끌었다. 평균 2.6점의 선수가 그것의 10배인 25점을 기록하다니, 어떻게 이런 일이 가능했던 것일까?

이후 그의 팀은 6연속 승리를 거뒀는데 역시 승리의 주역은 린이었다. 6연승이 있는 날 87대 87, 종료 10초를 남기고 린은 농구 코트 중앙에서 머뭇하고 있었다. 모두가 가슴을 졸이던 순간, 린은 그 먼 거리에서 단 5초를 남기고 중거리 슛을 날렸다. 공은 허공을 날아서 멋진 아치를 그리며 골인됐다. 그렇게 그는 영웅이 되었다.

린의 활약은 계속되었고 그의 이야기가 다큐멘터리로도 제작되었다. 이후 그는 천문학적인 몸값을 자랑하는 대단한 선수가 되었다.

　내가 말하고자 하는 것은 린의 성공이 아니다. 그의 열정, 포기하지 않는 집념, 끊임없이 배우고 성장하는 모습이다.

　세상의 분위기는 성공지향적이다. 시험점수만으로 근시안적인 평가를 한다. 하지만 아이만의 티핑 포인트를 생각한다면, 하루에도 4~50센티미터씩 자라는 모죽을 생각한다면 지금 좌절하고, 포기하는 것은 분명 잘못된 것이다.

　공부에 대한 재정의가 필요한 시점이다. 공부란 단지 대학에 가기 위한 수단이 아니다. 진정한 공부란 평생에 걸쳐 배우고 익히는 것이다. 그 가운데 준비된 사람으로 성장하여 풍성한 삶을 누리고 사회에서 일익을 담당하는 것이다.

CHAPTER 3

남다른 자세가
필요하다

인간은 당장 코앞에 닥칠 일조차도 알 수 없다.

현대인들은 너무 바쁘다.

그렇다 보니 인생을 길게 보지 못한다.

이것은 우리 생각 속에 빅 픽처가 없기 때문이다.

크게 생각한다는 것은

사소한 것에 목숨 걸지 않는 것이다.

정말 중요한 것이 무엇인지 알고

그에 따라 살아가는 것이다.

아이에게 따뜻한 인성을

스펙화된 사회에서 느껴지는 것은 따뜻함이 아니다. 기계처럼 점수를 올리고, 자격증을 따고, 마음의 여유 없이 오직 스펙을 위해 달려가야만 하는 사회는 삭막하고 차가울 뿐이다.

이런 분위기 속에서 다양한 분야의 책을 읽고 공부하며 진정한 내공을 쌓아올린 독서왕을 뽑겠다는 기업이 등장했다. 모 기업에서는 '같이의 가치'를 외치기도 했다. 이는 공부 기계보다는, 깊이 생각하고 함께 느끼면서 실력을 쌓은 참 인재에 대한 목마름의 단면이라고 생각한다.

사실 인성은 타고나는 듯한 느낌이 많다. 하지만 인성은 분명 지속적이고 반복적인 학습으로 만들어진 결과다. 인성은 지금도 성장하고 있다. 때문에 타고났다기보다 후천적 환경과 노력으로 만들어졌다고 보는 편이 맞다. 그래서인지 요즘 사회는 아무리 지적 실력이 뛰어나다 해도 인성적 실력이 결여된 인재는 더 이상 인재로 평가하지 않는 분위기다.

인성이 진정한 실력으로 여겨지는 이 시대에 기업체에서도 인재를 선발할 때 잠시 잠깐의 면접으로 인성을 알 수 없음을 인정하고 있다. 그래서 적게는 며칠, 많게는 일주일 혹은 한 달을 함께 생활하면서 인성을 측정하고자 애쓰고 있다.

일련의 내용들을 종합해볼 때 아이들을 교육하는 교사로서 인성교육을 강화해야 하겠다는 생각이 든다. '먼저 사람이 되라'는 말이 있다. 사람다움이란 무엇일까? 나는 그것을 아·이·보·배(아껴주고, 이해해주고, 보호해주고, 배려해주기)라고 생각한다. 아껴주고, 이해해주는 것은 왠지 어머니 같은 느낌이 들고, 보호해주고, 배려해주는 것은 아버지 같은 느낌이 든다.

인간은 힘들 때 유독 부모님을 떠올린다. 나도 군대에 있을 때 '엄마가 보고플 때' 하는 노랫소리를 들으면 눈물이 핑 돌았다. 부모님의 사랑이 그립고, 따뜻한 가정의 보금자리가 사무치도록 마음에 와 닿았다.

이런 부모의 마음으로 다른 모든 사람을 끌어안을 수만 있다면 세상에 문제될 일이 없을 것이다. 곁에 있는 사람을 부모의 마음으로 바라본다면 이해 못할 일도 없다.

국어시간에 테레사 수녀에 대해 수업했다. 수업목표는 '일이 일어난 차례를 생각하며 중요한 내용 간추리기'였다. 수업목표와 더불어 아이들이 테레사 수녀의 인성을 배우길 바랐다. 테레사 수녀의 따뜻함을 배워서 우리 학급에서만큼은 서로 따뜻했으면 좋겠다고 생각했다.

뉴스를 보면 아이들에게 민망할 정도로 세상은 바르지 않다. 교실에서 가르친 내용과는 판이하게 다른 일들이 버젓이 일어나고 있어 마음이 많이 불편하다. 우리 아이들은 바르고 정직하게 자라길 바란다.

최근 나의 이런 애씀도 어쩌면 '계란으로 바위 치는 격'일지도 모른다는 생각이 들었다. 도서관에서 시끄럽게 친구들과 떠들고 있는 고학년 아이들에게 조용히 하라 말하면서 느낀 것은 아이들의 냉소함이었다. 말대답은 기본이고, 왜 참견이냐는 듯한 삐딱한 모습에 화가 났다. 하지만 힘든 사춘기를 지나고 있을 그들을 생각해보니 오히려 내가 이해해주지 못했다는 자책이 들었다. 솔직히 말하면, 어디까지 가르치고 어디까지 이해해줘야 하는지 정말 모르겠다. 애정남(KBS 개그콘서트 코너 이름으로 '애매한 것을 정해주는 남자'의 준말)이라도 불러서 속 시원히 답을 듣고 싶지만 아마 애정남도 쉽지 않을 것이다.

분명한 것은 따뜻함이 옳다는 것이다. 친구랑 나름(?) 가볍게 싸운 아이들에게 이렇게 훈계한 적이 있다.

"어제 귀엽게 싸운 녀석들 있죠?"

"분위기가 아주 이상하게 변하는 거 느꼈죠?"

"그것 보세요. 분위기는 속일 수 없잖아요."

"그래서 기분이 나아지던가요?"

"아무리 귀엽게 싸워도 결국 서로에게 해가 된다는 것을 잊지 마세요."

어제 싸운 일 때문에 혹시 주눅 들고 눈치 보지는 않을까 걱정했다. 하지만 나의 말에 모두 안심하는 것 같았다. 부족하지만 나의 따뜻함이 전해진 것이라고 믿고 싶다.

부모의 사랑이 끊임없이 베푸는 것이라면, 인성을 교육하는 학교에서도 끊임없이 이런 따뜻함을 아이들이 경험할 수 있도록 해야 한다.

서울의 한 초등학교에서 학교폭력 학부모연수를 의뢰 받고 강의 자료를 준비하다가 되레 내가 겁을 먹은 적이 있다. 학교폭력뿐만 아니라 각종 입에 담기 어려운 사회적 죄악들을 접하다 보면 마음에 온통 먹구름이 낀 느낌이다. 어쩌다가 우리 사회가 이렇게 되었을까 깊은 한숨만 나올 뿐이다. 하지만 늦었다고 생각하는 그때가 가장 빠른 때일 수 있다. 지금부터, 나부터, 우리 자녀부터, 우리 가정부터 따뜻함을 전해야겠다.

감정의 비밀

아이들과 감정의 비밀에 대해 생각해보았다. 우리의 감정은 소중한 것이지만 그 사용법을 모른 채 함부로 다루면 결국 불행이라는 쓴 열매를 맛봐야만 한다.

김상운 씨는 《왓칭》에서 생존을 책임진 부위로서 변연계 가장 깊숙한 곳에 자리 잡고 있는 편도체를 언급했다. 그것은 모든 부정적 감정에 불을 당기는 아미그달라(편도체)에 대한 것이다. 이 아미그달라의 정신연령은 겨우 5세 유아 수준이라고 한다. 어른이나 아이나 똑같은 5세 유아 수준의 감정스위치가 두뇌 안에 있는 것이다. 이성적인 어른들조차도 화가 나면 쉽게 통제하지 못한다. 그것은 이 부분에 대한 정보와 이해가 부족해서 제대로 다룰 줄 모르기 때문이다.

정신의학자인 카바트 진 박사는 '부정적인 감정이 소용돌이칠 때 그것을 조용히 주시하면 우리 두뇌가 만들어내는 그 소용돌이의 경이로움을 느낄 수 있다'고 했다. 하버드 대학의 테일러 박사도 '조용히 주시하는 것만으로 부정적인 감정이나 생각이 90초 내에 식어버린다'고 했다.

나는 이 학자들의 의견에 전적으로 동의한다.

개교기념일 행사가 있던 날, 나는 유난히 바빴다. 일찍 출근했지만 학습준비물을 나누고 전달하느라 그랬던 것 같다. 그래서 아침독서는 물론 아이들과 VD활동도 하지 못했다. 그래서인지 나의 아미그달라에 빨간 불이 켜졌다. 평소와 다른 축제분위기에 들뜬 아이들이 소란해지자 걷잡을 수 없는 감정의 소용돌이가 느껴졌다. 그러나 조용히 상황을 주시하는 행위만으로 안정감을 찾을 수 있었다. 아이들을 탓하기보다 상황을 분주하게 만든 장본인이 나임을 깨달으니 오히려 미안했다. 오히려 이 사건을 통해 소중한 '마음공부'를 한 것 같아 감사했다. '힘든 상황, 몹시 화가 난 상황에서 경솔하게 말하지 말고 그저 조용히 참으며 내 아미그달라를 달래주자'가 내가 얻은 GPS이다.

힘든 순간에 우리의 마음을 잘 달랠 수 있어야 한다. 달랜다는 것은 스스로를 사랑하고 격려하는 것이다. 김상운 씨는《마음을 비우면 얻어지는 것들》에서 이렇게 말했다.

성공하는 아이로 키우는 지름길은 특별한 게 아니다. 조건 없이 사랑을 베푸는 것이다. 영혼이 눈을 뜨면 나머지는 저절로 해결된다. 아인슈타인,

에디슨, 빌 게이츠 등 세계적인 천재들의 재능도 기계적인 반복 학습의 산물이 아니라 따뜻한 사랑과 격려의 산물이었다.

부모로서 아이들을 교육하다 보면, 그리고 교사로서 아이들을 지도하다 보면 원치 않게 화를 내고는 금세 후회하는 경우가 참 많다. 아이는 아이대로 상처를 받아 기가 죽는다. 이런 부정적 감정의 고리를 끊지 않고는 결코 행복할 수 없음을 깨달았다. 결단의 힘을 믿고 다시 한 번 굳게 결심했다. 나 스스로를 따뜻한 사랑과 격려로 보듬겠다고. 아이들 역시 따뜻한 사랑과 격려로 보듬겠다고.

행복은 스스로
만들어가야 한다

부모라면 자녀들이 성공적인 학창시절을 보내길 바랄 것이다.

자녀가 부모의 기대에 부응하여 최고의 엘리트 코스를 밟으며 순항하는 것도 물론 금메달감이다. 그러나 찾아보면 성적과 상관없이 금메달감인 경우가 얼마든지 있다.

나는 둘째가 너무 잘 안 먹어서인지 밥을 잘 먹는 아이들을 보면 너무 부러웠다. 밥을 잘 먹을 뿐인데도 금메달감인 것이다. 아내는 아이들의 전임 학습코치다. 아이들을 붙들고 힘겨루기를 하느라 지치고, 피곤하다가도 '낄낄 깔깔' 숨넘어가는 아이들의 웃음소리 때문에 행복해진다고 했다. 아이답지 않게 너무 진지하고 조용하다면 이 또한 문제가 있다.

이전 학교에서는 소아우울증을 앓고 있는 아이가 있었다. 그 아이를 볼 때면 왁자지껄 떠들고 천방지축인 아이들도 금메달감이었다.

그러므로 진실로 아이들을 위한 것이 무엇인지 고민해볼 필요가 있다.

자녀들의 앞날을 위한다고는 하지만 아이들에게 동의를 얻을 수 없는 것이라면 잠시 멈출 수 있는 배포도 있어야 한다. 왜냐하면 우리가 억지를 부리는 것이 되어 결국 부작용으로 남을 확률이 매우 높기 때문이다.

그래서 이번 학기를 시작하면서 공부에 대한 아이들의 동의를 얻기 위한 책읽기를 하게 되었다. 책 제목은 《진짜 공부》다. 딱 한 번 읽어주었는데 '왜 공부를 해야 하는지'에 대해 언급해주는 것만으로도 아이들은 마치 이해받은 듯한 표정이었다.

바쁘게 살지만 이것이 진실로 행복에 이르는 길인지 확신이 안 설 때는 어떤가? 갑자기 모든 의욕을 잃은 채 방황하게 된다. 아이들도 마찬가지다. 바쁘게 학교생활을 하지만 재미가 없고, 결과도 그리 좋지 않고, 보상도 없다면 결국 방황하게 된다.

우리가 너무 거창한 것에서 행복을 찾고자 하는 것은 아닐까? 사실 행복은 가까이에 있다. 우리가 생각지 못한 사소한 것에 있다. 그리고 그것은 더 큰 행복을 향해 나아가는 연결통로가 된다.

행복한 가정에서 자라난 아이들이 공부도 더 잘한다. 더 큰 꿈을 꾸고 실패에 대한 두려움 없이 도전할 확률이 매우 높다. 그러므로 아이들로 하여금 가정에서 충분한 행복을 느낄 수 있도록 해야 한다. 아이들에게 있어 가정은 세상의 모든 것이라고도 할 만하다. 가정은 소중한 기초요, 근본이다. 즉, 가정에서 행복하면 세상 모든 것이 다 행복해보이고, 가정에서 불행하면 세상 모든 것이 다 불행하게 보인다.

오름교육연구소 구근회 소장은《부모 혁명 99일》서두에서 '행복한 가정을 만드는 9가지 마법의 주문'을 말했다. 여기서 모두 말할 수는 없지만 내가 가장 공감하는 한 가지를 소개할까 한다. 그것은 '하루에 한 번 이상 놀아주기'다.

나는 '1분 동안만이라도 지금 당장 실행해보자'라는 대목을 읽고는 가만히 있을 수가 없었다. 그동안 집에서 무게를 잡고 이래라저래라 하던 아빠가 갑자기 놀아주니까 두 아들은 어리둥절해하였다. 나는 아이들이 엄마만 좋아한다고 생각했다. 그런데 아이들과 놀아주니까 상황이 역전되었다. 대단한 놀이를 한 것이 아니다. '손바닥 밀어치기 게임'이었다. 아빠를 이기면 5000원을 준다고 했더니 아이들은 더욱 열렬하게 게임에 임했다. 갑자기 나도 신이 나서 엉덩이를 씰룩씰룩 했더니 폭소가 터졌다. 이번엔 식탁에 있던 작은 김 조각을 몰래 이빨에 붙였다. 그리고는 아이들 앞에 얼굴을 내밀고 씨익 웃어보였다. 그랬더니 모두가 빵 터져버렸다. 손바닥 밀어치기 게임은 간데없고 웃음소리가 집안에 가득하였다.

이 작은 경험을 통해 배운 것이 있다. 행복은 누가 가져다 주는 것이 아니라 자신이 스스로 만들어가야 한다는 것이다. 또한 행복은 거창한 것이 아니라 아주 작은 것을 통해서도 얼마든지 누릴 수 있다는 것이다.

긍정의 GPS

"난 참 운이 좋아!"

일본 최고의 기업가, 마쓰시다 고노스케의 말이다. 그는 평생 이 말을 입에 달고 살았다고 한다.

어느 날, 그가 교통사고로 병원에 입원한 적이 있었다. "이렇게 다치시다니 참 운이 안 좋네요" 하는 사람들의 말에 그는 "운이 안 좋다니요. 죽지 않고 이 정도니 참 운이 좋은 거지요"라고 말했다고 한다. 그는 진정 긍정적인 사람임이 분명하다.

아이들에게 이 이야기를 들려주면서 숙제 하나를 냈다. 하루 3개의 행운을 찾아보는 것이다. 이상한 숙제처럼 보일 수도 있다. 하지만 다음과 같은 의미가 있다고 생각한다.

첫째, 긍정적인 생각을 생활화하는 계기가 된다.

둘째, 당연하게 생각했던 것에 대해 감사하는 마음이 생긴다.

다음은 아이들의 행운 이야기들이다.

◈ 아침에 학교 가는데 오토바이에 부딪혀 죽을 뻔 했다. 나는 참 운이 좋다.
  부딪히지 않았으니까.
◈ 난 참 운이 좋다. 스카우트 추첨에서 떨어졌는데 다시 할 수 있게 되었다.
◈ 아침밥을 조금밖에 안 먹었다. 체육을 했으면 배가 고팠을 텐데 참 다행이다.
◈ 축구하다가 넘어졌는데 누군가 나를 일으켜 주었다. 나는 참 운이 좋다.
◈ 지금 머리가 많이 아프지만 열은 안 난다. 난 참 운이 좋다.
◈ 횡단보도에 가자마자 신호등이 초록불이 되었다. 난 참 운이 좋다.

오프라 윈프리도 긍정의 달인 중 하나다. 그녀의 과거는 불행했지만 생각의 전환을 통해 변화된 인생을 살 수 있었다. 그녀는 이렇게 말했다.

"저는 '감사합니다', '고맙습니다', '나는 진실로 복 받은 사람입니다'라고 말하지 않고 지나가는 날이 단 하루도 없다. 인생을 축복하면 할수록 축하할 거리는 많아지고, 티를 찾아내려고 할수록 잘못이나 불행이 더 많이 나타난다."

나는 늘 내가 맡은 반 아이들이 너무 좋다고 생각한다. 사람들에게도 꼭 그렇게 말하고 다닌다. 그런데 재미있는 것은 말한 대로 된다는 것이다.

얼마 전 영어교과 선생님이 나에게 이런 말씀을 하셨다.

"선생님 반 아이들은 작년에도 그랬는데 올해도 너무 괜찮네요."

내 말의 근거가 부족할 수 있다는 것을 알고 있다. 내가 그렇게 말하지 않았어도 아이들은 충분히 훌륭할 수 있다. 그래도 나는 내가 그렇게 생각하고 말했기 때문에 전보다 더 멋진 학급이 되었다고 생각한다.

확고한 긍정의 GPS가 있는 사람은 인생길에 비가 오고 바람이 불어도 마음에 항상 태양이 떠있기 때문에 걱정하지 않는다. 절망하지 않고, 포기하지 않는다.

박경철 씨는 《시골의사 박경철의 자기혁명》에서 '외적인 현상 자체에 휘둘리지 말고 진지한 인간적 고뇌와 사유의 훈련을 통해 희망의 씨앗을 뿌린다면 다양한 기회들이 찾아올 뿐만 아니라, 결국 성공적인 인생이 된다'고 하였다.

'혁명'이라는 말까지 사용하여 강조한 데는 이유가 있다. 즉, 뭔가 달라진 삶을 영위하기 위해서는 그동안 고집하던 부정적인 삶의 양식들을 과감하게 뿌리치고 의식적인 긍정의 노력을 시작해야 하는데, 이것이 혁명과 같다고 본 것이다. 그리 대단한 것 같지 않은 긍정의 선택이 실제 생활에서는 혁명적인 변화로 나타날 수 있기 때문이다.

아이들에게 어른만큼의 심각한 고민들이 있겠냐 싶지만 그렇지 않다. 아이의 눈높이에서 생각해보면 고민은 얼마든지 있다. 원치 않게 이어지는 지루한 일상들, 아무렇지도 않게 무시되는 약속들도 아이 편에서는 대단한 문제꺼리일 수 있다. 학교폭력, 왕따는 어떤가? 이로 인해 극단적인 선택을 하게 되는 아이들을 보면 마음이 아프다. 그러므로 우리는 아이들의 말에 진지하게 귀를 기울일 필요가 있다.

이지성 씨는 초등학교 교사시절 '피노키오 상담실'을 운영한 적이 있다. 어느 날은 한 아이가 찾아와서 이렇게 말했다고 한다.

"선생님! 외계인들이 자꾸 저를 죽이려고 해요!"

평소에 이런 식으로 황당한 말들을 자주 하는 바람에 이상한 취급을 받는 아이였다. 제발 정신 좀 차리라며 면박을 줄 수도 있었다. 하지만 그는 아이의 말 그대로를 긍정해주었다. 진심으로 믿어주었다. 심지어 함께 외계인들을 피해 은신처로 숨는 시늉까지 했다. 빗자루를 무기 삼아 들고는 낮은 자세로 포복도 하였다. 신기하게도 이후 아이는 더 이상 문제되는 말과 행동을 하지 않았다고 한다.

아이들에겐 자기만의 세계를 인정받는 것 자체가 큰 위로이자, 치료가 된다.

《나는 희망의 증거가 되고 싶다》의 저자 서진규 박사는 책에서 '반쯤 남은 물컵'을 어떻게 볼 것인가를 여러 번 언급하였다. 모두 알다시피 반 쯤 남은 물컵은 긍정적, 부정적 태도의 예시로 종종 인용된다.

빨간색 선글라스를 끼고 세상을 바라보면 세상은 온통 빨갛다. 노란색 선글라스를 끼고 보면 세상이 노랗게 보인다. 이처럼 긍정의 눈으로 나 자신과 세상을 보는 아이는 세상이 아름답고 살 만한 곳으로 보인다. 그리고 어떤 상황에서도 감사할 수 있게 된다.

생각의 크기가
미래를 결정한다

개그콘서트에는 특허분쟁과 관련된 코너가 있다. 그 코너에서 유행어가 된 말이 '생각, 생각, 생각 좀 하고 말해!'이다. 유행어에 불과한 것 같지만 나는 생각의 중요성을 말하는 것이라고 느꼈다.

《왓칭》에서 김상운 씨는 생각의 중요성을 집중적으로 이야기하고 있다.

일본인들이 많이 기르는 관상어 중에 '고이'라는 잉어가 있다. 고이는 작은 어항에 넣으면 5cm 정도밖에 자라지 않지만 연못에 풀어주면 25cm까지 자라고, 강물에 방류하면 무려 1m 안팎까지 자란다고 한다. 우리가 잘 아는 금붕어도 큰 연못에서 키우면 40cm가 넘게 자란다.

아이들의 생각도 마찬가지다. 작은 어항만한 생각 속에서는 더 이상 성장할 수 없다. 그러나 어항이 아니라 바다와 같은 생각 속에서 자란다면 상황은 달라진다.

'나'라는 한계에 갇혀 사는 사람은 자기중심적인 생각밖에 할 수 없다. 우스갯소리로 정말 나쁜 사람은 나뿐인 사람이라고 한다. 나만의 성공과 출세만 생각한다면 결코 훌륭한 인생을 살 수 없다. 부모가 아이에게 위인전을 읽히는 것은 그들의 생각의 크기를 배우고자 함에 있다.

다른 예를 들겠다.

악기를 배우는 아이들이 있었다. 세 그룹으로 나눠 첫 번째 아이들에게는 악기를 딱 1년만 배우겠다고 했다. 두 번째 아이들에게는 고등학교 때까지 배우겠다고 했고, 마지막 아이들에게는 평생 배우겠다고 했다. 시간이 흐른 후에 기량을 확인해 보았다. 1년만 배우겠다고 한 아이들보다 평생 배우겠다고 한 아이들의 기량이 훨씬 뛰어났다고 한다.

이 결과가 의미하는 바는 무엇일까? 몸과 마음의 관계는 신비롭다. 어떤 생각을 하느냐에 따라 마음이 달라지고 마음에 따라 몸이 반응한다. 또, 몸 상태에 따라 마음이 영향을 받기도 한다. 그러므로 평소 생각훈련이 필요하다.

인간은 당장 코앞에 닥칠 일조차도 알 수 없다. 그런데 현대인들은 너무 바쁘다. 몇 가지 일들을 동시에 해치워야 할 때도 있다. 그렇다 보니 인생을 길게 보지 못한다. 당장의 시험결과가 좋지 않다고 해서 인생이 망한 것처럼 좌절하기도 한다. 이것은 우리 생각 속에 빅 픽처가 없기 때문이다. 여기서 말하는 빅 픽처는 미래를 향한 꿈과 비전이다. 크게 생각한다는 것은 사소한 것에 목숨 걸지 않는 것이다. 정말 중요한 것이 무엇인지 알고 그에 따라 살아가는 것이다.

이기는 습관

오래 전 전옥표의 《이기는 습관》을 통해 많은 교육적 영감을 얻었다. 몇몇 내용을 아이들에게 적용해보면 좋을 것 같아 몇 줄 적어본다.

첫째, 열정의 온도

미국의 사상가이자 시인이요 목사였던 랄프 왈도 에머슨은 '열정 없이 얻을 수 있는 위대한 것은 존재하지 않는다'고 했다.

나는 아이들이 피구를 할 때 그들의 열정을 느낀다. 찬바람 쌩쌩 부는 한겨울 추위마저도 아이들의 피구 열정은 말리지 못한다.

어느 날, 교실에만 있는 아이들이 측은해보여 기분전환 겸 운동장으로 나갔다. 피구 한 게임 했을 뿐인데 아이들은 세상을 다 얻은 듯 행복해했다. 피구를 하며 친구와의 우정도 한층 두터워졌다.

이런 아이들의 모습 속에서 진정한 열정은 '열 개의 정情'으로 변할 수 있어야 한다고 생각했다. 그래야 세상이 아이들의 미소만큼이나 행복하고 따뜻해질 것이다.

왜 피구에 대한 열정의 온도는 유독 이렇게 높은 것일까? 다른 여러 운동들이 있지만 특별히 피구에 많은 애정을 보이는 이유는 무엇일까?

나는 스릴이라고 생각한다. 피구는 팀별 게임이지만 동시에 개인의 능력과 명예가 드러나는 게임이기도 하다. 또한 피구는 공에 맞아 아웃된다 해도 다른 위치에서 다른 형태로 승리에 기여할 수 있다. 이런 점 때문에 피구를 특별히 사랑하는 게 아닐까?

한편, 공부에 대한 열정의 온도는 그야말로 천차만별이다. 공부 열정이 넘치는 어떤 아이는 두 줄 깨달음에서 이렇게 제안하기도 했다. '친구들이 제발 공부에 대해 재미와 흥미와 목표를 가졌으면 좋겠다.'

저마다 열정이 느껴지는 대상이 다를 수는 있다. 그러나 바야흐로 평생교육의 시대다. 모든 아이들이 학습에 흥미를 갖기를 바란다.

배움이야말로 스릴 있는 지적유희 중 하나다. 일찍이 그것을 알았던 세종대왕은 백독백습을 실천했다. 나폴레옹은 전투하러 출격하는 중에도 1000권의 책을 챙겨갈 정도로 배움에 대한 열정이 컸다. 오랜 유배지 생활 동안 지칠 만도 한데, 정약용은 500여 권의 책을 저술했다. 도서관을 통째로 읽은 열정 때문에 에디슨은 위대한 발명왕이 될 수 있었다.

둘째, 지독한 훈련

화려한 조명 아래 펼쳐지는 아이돌 가수의 무대를 보면, 그들이 왜 아이들의 선망의 대상이 되고 있는지 알게 된다. 그러나 그 이면에 피나는 훈련과 연습의 과정이 있었음을 아이들은 아는지 모르겠다.

훈련이란 무엇일까? '본능을 극복하고자 애쓰는 반복적 몸부림의 행위'라고 나는 생각한다. 인간의 본능은 '쉽게 사는 것'이다. 서 있으면 앉고 싶고, 앉으면 눕고 싶고, 누우면 자고 싶은 것이 인간의 마음이다. 그러나 이런 본능을 누르고 극복하여 스스로 통제할 수 있는 경지에 오르게 하는 것은 훈련밖에 없는 것 같다.

니체를 별로 좋아하지 않는데, 그의 말 중에 좋아하는 말이 하나 있다.

"자신에게 명령하지 못하는 사람은, 남의 명령을 들을 수밖에 없다."

그래서 아이들에게 스스로를 훈련하라는 주문을 많이 하고 있다.

아이들이 훈련을 통해 한 걸음 더 나아가는 삶을 살면 좋겠다. 퀴리 부인처럼, 정약용처럼, 에디슨처럼 지독한 훈련을 통해 전문성을 기를 뿐 아니라, 그것으로 마음껏 인생을 즐기면서 많은 사람에게 도움이 되는 삶을 살아주길 바란다.

그런 의미에서 열정과 훈련의 장을 마련해볼까 한다. 이미 아이들에게는 이야기한 바 있다.

첫째, 수학끙끙훈련이다. 이를 통해 도전정신과 인내심, 자신감을 배울 수 있다. 아이들의 수학적 사고력에도 많은 발전이 있을 것이다. 둘째, 경어훈련이다. 하루 종일 경어로 말하다 보면 신중한 언어사용을 배울 수 있다. 나아가 아이들의 인성이 더욱 따뜻해질 것이다.

실패자가 되지 않으려면

성공학으로 유명한 나폴레온 힐의 저서《놓치고 싶지 않은 나의 꿈 나의 인생》에서 그는 25000명의 실패자를 대상으로 연구·분석하여 '실패자가 되는 31가지 원인'을 밝혀냈다.

나는 지난 세대를 연구·분석하여 세상에 내놓은 이런 결과물에 큰 관심을 가져야 한다고 생각한다. 누구나 치명적인 약점 하나 정도는 갖고 있다. 그러나 그 약점도 얼마든지 보약처럼 만들 수 있다. 치명적 약점도 어떻게 바라보고 보완하느냐에 따라 특별한 장점이 될 수 있는 것이다.

연구 내용 중 몇 가지를 살펴보면서 아이들에게 어떻게 적용할 수 있는지 생각해보도록 하자.

첫째, 부족한 향상심

좀 더 나아지는 것에 무관심하거나 노력을 아끼는 사람에게는 어느 누구도 도움을 주지 않는다. 무엇을 해보고자 하는 의욕은 불만족한 상황을 타개하는 힘이 된다고 한다.

2001년 인도네시아에 갔을 때 느낀 점은 이 나라는 무한한 잠재력을 가지고 있다는 것이었다. 자연 자원도 많고 먹거리도 많았다.

문제는 이 나라 사람들이 좀 더 나은 삶에 관심을 갖지 않는다는 것이다. 바로 부족한 향상심이었다. 반면, 우리나라 사람들은 오늘보다 나은 내일을 만들고자 노력해왔다. 그래서 오늘날 한강의 기적을 이룰 수 있었던 것이다.

그럼 아이들에게 어떻게 이런 향상심을 만들어줄 수 있을까? 우선 '좀 더 나은 삶'에 대해 관심을 갖도록 도와야 한다. 현실에 안주하는 삶, 더 이상 도전하지 않는 삶의 한계에 대해 알려줘야 한다. 작은 성공 경험을 통해 성취감을 느껴보도록 해야 한다. 이를 통해 더 큰 세계로 나아가도록 도울 수 있다.

스스로 결핍을 느낄 때 대부분의 사람들은 그것을 채우고자 한다. 하지만 요즘 아이들은 풍요롭다. 웬만한 것은 부모가 다 채워주기 때문에 결핍을 느낄 시간이 없다. 즉각적인 필요충족은 때로는 독이 될 수 있다. 그러므로 한 번쯤 아이들에게 의도적으로라도 결핍된 상황을 줘봐야 하지 않을까 싶다.

둘째, 자기 훈련 부족

자기 훈련의 첫 단계는 자기관리다. 남을 지배하기 전에 자신을 지배할 수 있는 사람이 되어야 한다.

요즘 나는 학교에서 여러 훈련을 진행하고 있다. 경어훈련, 몰입훈련, 묵언훈련, 시선훈련, GPS훈련 등이다. 하지만 주어지는 훈련을 넘어 아이 스스로 훈련하는 자세가 필요하다.

독수리는 새끼를 혹독하게 훈련하는 것으로 유명하다. 새끼는 언제까지나 따뜻한 보금자리에 머물며 엄마가 주는 맛있는 먹이를 받아먹고자 한다. 그러나 어미는 새끼의 이런 안일한 마음을 용납하지 않는다. 그래서 때가 되면 둥지를 흩어버린다.

이후엔 날개에 새끼를 업고 하늘 위로 높이 올라간다. 그리고 짐짓 새끼를 떨어뜨린다. 그럼, 새끼는 죽어라 날갯짓을 하게 된다. 힘이 빠져서 이젠 죽었다 생각할 즈음, 어미 독수리는 다시 날개에 새끼를 업고 하늘로 올라간다. 그리고는 또 떨어뜨린다. 새끼는 또 죽어라 날갯짓을 한다. 이런 가운데 날개에 근육이 붙고 힘이 생긴다. 이런 반복된 훈련을 통해 새끼는 진정한 맹수로 거듭나는 것이다. 이것이 독수리의 자녀훈련이다.

부모는 자녀를 향한 연민의 마음을 내려놔야 한다. 그렇지 않으면 그 어떤 훈련도 시작할 수 없다.

셋째, 오늘 할 일을 내일로 미루는 습관

해야 할 일을 미루는 습관은 실패 원인 중 가장 흔하다. 이러한 습관은 어떤 사람에게나 잠재해 있는 것으로, 성공의 찬스를 놓치게 하는 주범이다. 그러므로 아이들이 지금 당장 할 수 있고, 해야만 하는 일을 해내도록 도와야 한다.

최근 독서록 검사를 했다. 그런데 많이 실망스러웠다. 뭔가를 꾸준히 한다는 것이 쉽지 않았던 모양이다. 매주 2개씩만 했더라도 이런 벼락치기는 없었을 것이다. 나는 어찌하든 기한 안에 제출하도록 했다. 심지어 기한을 여러 번 연장해주기까지 했다. 끝까지 도전해서 해내도록 훈련하는 것이 유익이라고 생각했기 때문이다.

요즘 사회시간에 가족에 대해 가르치고 있다. '가족에게 어려움이 닥쳤을 때 어떻게 해야 할까?'를 놓고 토의하는 시간도 가졌다. 결론은 따뜻한 협력이었다.

자녀에게서 느끼는 결함들이 혹시 있는가?

아마도 있을 것이다. 그것이 상대적으로 심각하게 느껴질 수도 있다. 그러나 그때가 주위 사람들의 따뜻한 협력이 필요할 시기다. 에디슨의 어머니가 그랬고, 헬렌 켈러의 가족과 선생님이 그랬다. 이젠 우리 차례다. 우리의 따뜻한 협력으로 아이들의 크고 작은 결함들이 이해받고, 또 고쳐진다면 우리 아이도 기적의 주인공이 될 수 있다.

무지개 원리

어린 시절, 추운 겨울이면 연통 달린 석탄난로의 온기를 기대하며 학교로 가는 발걸음을 재촉했다. 이른 아침부터 난로에 불을 지피기 위해 애쓰시는 선생님과 당번들의 분주한 모습이 떠오른다. 그 시절 내가 살던 충청도 시골엔 눈이 참 많이 왔다. 그럴 때면 작은 몸으로 세찬 눈바람을 가르고 푹푹 빠지는 눈길도 헤쳐서 가야 했다. 하지만 시대가 많이 바뀌었다. 더 이상 교실에 난로는 없다. 대신 냉온풍기가 교실마다 설치되어 있다. 과거와 달리 아이들은 보온기능이 뛰어난 외투를 입고 온다.

그러나 그런 좋은 옷도 우리 아이들에겐 그다지 필요치 않은 것 같다. 아직 겨울인데도 교실에서는 반팔티셔츠를 입고 생활하는 아이가 있으니 말이다. 산책하러 가자고 하면 대부분 외투를 입지 않으려 한다. 무조건 입어야 한다고 하면 괜찮다고 아우성이다. 그러다가 어느 날 감기에 걸려 골골하기도 하고, 학교에 못 나오는 아이도 있지만 추위에 맞서는 모습 하나는 참 대견하다. 잔뜩 껴입고 출근하는 나와는 많이 다르다.

나도 어릴 때 해가 뉘엿뉘엿 넘어갈 때까지 추운 줄 모르고 구슬치기, 딱지치기를 하곤 했다. 그때가 많이 그립다. 자연 속에서 마음껏 뛰어 놀던 그 시절이 애틋하게 느껴진다. 세월이 지나도 동심은 남아있는 모양이다.

오늘의 키워드는 무지개다. 무지개는 동심의 상징이다. 나도 어릴 적 무지개 저 너머에 과연 무엇이 있을까를 궁금해 했다. 이런 질문에 쓸데없는 생각한다며 동심을 깰 사람은 없을 것이다.

또, 무지개는 희망의 상징이다. 비 온 후에 화사하게 떠오른 무지개를 본 적이 있는가? 하늘은 여전히 우중충하지만 무지개로 인해 온 하늘이 아름답게 보인다.

살다 보면 늘 웃을 수만은 없다. 심지어 되는 일이 하나도 없는 것처럼 보일 때도 있다. 그럴 때면 무지개를 생각해보면 어떨까? 대자연이 주는 은은한 감동이 있을 것이다. 아이들의 삶 속에도 이런 무지개와 같은 것이 있다. 바로 꿈이다.

1년 내내 꿈에 대해 이야기했다. 보통 사람들 사이에 꿈은 반드시 이루어져야만 하는 것처럼 생각하는 경향이 있다. 처음엔 나도 그렇게 생각했다. 하지만 나의 이런 생각에 변화가 생겼다. 물론 꿈은 이뤄지면 좋다. 그러나 그 꿈이 있기에 희망을 노래할 수 있다. 꿈이 없다면?
웬만한 감동이 아니고는 감탄할 수도, 웃을 수도 없다. 세상살이에 찌
들어버려 동심이 사라진 어른처럼 되고 말 것이다.

우리가 잘 아는 차동엽 신부는 《무지개 원리》에서 꿈을 이룰 수 있
는 7가지 원리를 말했다. 다음은 각 무지개 원리와 상응하는 우리 학급
의 꿈 실천 방식이다.

무지개 원리1　긍정적으로 생각하라

GPS, 두 줄 깨달음 쓰기, 지켜보는 나 찾기

무지개 원리2　지혜의 씨앗을 뿌리라

위인전 읽기 프로젝트, 질문상자

무지개 원리3　꿈을 품으라

1% 영감 찾기, 아침VD, 꿈 재료 모으기, 직업여권

무지개 원리4　성취를 믿으라

R=VD, 노래VD

무지개 원리5　말을 다스리라

All day 경어 사용하기, 아·이·보·배

무지개 원리6　습관을 길들이라

'적자생존', 정리맨, 몰입, 마중물, 꿈통장

무지개 원리7　절대로 포기하지 마라

'할 수 있다고 생각하기' 꿈 재료

마지막 7번째 원리에 관한 내 개인적 이야기를 전한다.

월요편지는 《페이퍼 파워》라는 책을 읽다가 즉흥적으로 시도하게 되었다. 하루하루 마냥 흘러가는 광음光陰의 세월 속에서 조금이나마 나의 생각들을 정리하고 싶었다. 또, 학부모와의 소통을 통해 의미 있는 학급경영을 해보고 싶었다. 벌써 36번째 편지다. 어떻게 여기까지 올 수 있었는지 모르겠다. 처음 몇 번은 그럭저럭 감당했지만 어느 시점이 되자 과연 끝까지 할 수 있을까 하는 의문이 들었다. 글도 잘 못 쓰는 내가 왜 편지를 쓰겠다고 공표했는지 후회되었다. 때로는 미루거나 빼먹고 싶었다. 포기하고도 싶었다. 하지만 이때 사용한 원리가 절대로 포기하지 마라는 것이었다. 앞으로도 몇 번 더 남긴 했지만 나에게 결코 작지 않은 성공 경험이 되었다.

올바른 삶의 애티튜드

가끔씩 쌀쌀하긴 하지만 우리 곁에 성큼 다가온 봄기운을 그 누가 거스를 수 있겠는가? 체육활동 하기엔 너무나 좋은 날씨다. 하지만 체육시간은 왜 이리도 빨리 지나가는지. 그 아쉬움을 달래주기 위해 피구 한 게임을 허락했다. 그래서일까? 아이들의 표정에서 행복이 느껴졌다.

지난주엔 10시 등교 날이 이틀이나 있었다. 아이들이 어쩌나 좋아하던지 조금은 섭섭했다. 하지만 색다른 일상이 싫지는 않았다. 구강보건 수업도 있었고, 문예체교육의 일환으로 진행된 '책의 요술지갑'도 방청했다. 오랜만에 배꼽 잡고 웃으며 경제상식까지 얻을 수 있었다. 진로체험학습에는 K아버님이 오셔서 '컴퓨터와 직업'이라는 주제로 수업해주셨다. 재밌고 유익한 시간이었다. 벌써부터 다음 진로체험의 날이 기대된다.

심지어 급식봉사 주간이기도 해서 다른 어느 때보다 바쁘게 학교생활을 했던 것 같다. 그 외에도 일기쓰기, 꿈동영상 만들기, 독서기록장 쓰기, 매일 알림장에 두 줄 깨달음 쓰기, 수학시험, 국어시험이 있었다.

이토록 바쁜 게 아이들이다. 그런데 정말 감사한 것은 치열하게 생활하는 중에도 모두가 즐겁다는 것이다. 짧은 시간이었지만 벌써 가족처럼 정이 들었다. 서로를 많이 알게 된 것 같다. 내 카메라에 찍힌 아이들의 밝은 미소를 보더라도 우리 반이 조금씩 안정된 궤도 속으로 들어서고 있다는 생각이 든다.

아이들은 제각기 안정감을 갖고 열심히 생활하고 있다. 모두의 힘으로 새롭게 단장한 학급문고를 뒤져가며 책이 주는 재미에 푹 빠져있는 아이들도 제법 많아졌다. '아·이·보·배'를 열심히 실천하면서 서로를 배워가는 진정한 '우리'가 되어가고 있음에 그저 감사할 따름이다.

아이들의 학교생활은 만만치 않다.

해야 할 것도 많고, 단원평가, 수행평가, 각종 글쓰기와 발표하기를 비롯하여 부담스런 일들이 많다. 모둠별 경쟁에서 꼴찌를 하면 청소도 해야 한다. 우유검사 도중에 하얀 우유방울이 흘러나오기라도 하면 모둠 친구들의 따가운 시선도 감당해내야 한다.

나는 전엔 아이들만의 이런 스트레스를 생각하지 못했다. 교사인 나만 바쁘다고 생각했다. 하지만 마음을 차분히 가라앉히고, 교실의 전화선도 잠시 빼놓은 후 아이들을 바라보니 그제야 아이들의 맑은 눈망울이 보이기 시작했다.

나는 주로 이런저런 주문을 많이 하게 된다. "글을 꽉 채우세요", "제출하세요", "발표하세요", "빨리 치우세요", "글씨를 또박또박 쓰세요", "다시 써오세요" 등 지시하고 지적하는 게 내 역할이라고 생각될 정도다. 아직은 함량미달인 부끄러운 모습이다. 이런 치열한 생활 속에서 아이들이 얻는 것은 과연 무엇일까? 참 궁금해진다. 매일 물을 머금은 콩나물시루의 콩들처럼, 우리 아이들도 성장하고 있을 것이라는 막연한 믿음을 붙들 뿐이다.

《애티튜드》(김진세 지음)라는 책을 읽으면서 아이들이 꼭 배워야 할 것이 삶의 애티튜드라는 것을 깨달았다. 애티튜드는 준비 또는 적응이란 의미의 라틴어 '앱투스aptus'에서 파생된 말로, 어원적 의미로 따지자면 '무엇인가 행할 준비가 된 상태' 정도로 풀이할 수 있다.

우리의 삶은 목표를 위해 끊임없이 준비하는 과정이라 할 수 있다.

치열한 삶의 현장에서 가장 중요한 것은 무엇일까? 당장 영어단어를 더 외우도록 하는 것일까? 수학문제 한 개 더 풀어서 좋은 점수를 얻게 하는 것일까? 이런 것들은 삶의 애티튜드가 충분히 갖춰지기만 하면, 즉 능동적 애티튜드가 아이들 안에 잘 준비되어 있다면 저절로 해결될 수 있다. 에디슨처럼 당장엔 문제아 취급을 받더라도 행복하게 공부하여 끝내 세상을 놀라게 할 수 있다.

준비하는 삶

"준비!" 스카우트에서 하는 인사법이다.

나는 스카우트를 지도하면서 왜 인사가 하필 '준비'일까 생각해본 적이 있다. 우리가 잘 아는 유비무환有備無患은 평소 준비가 철저하면 후에 근심이 없다는 말이다. 준비는 꿈과 희망을 낳는 가장 중요한 기초 작업 중 하나다.

최근에 아이들에게 읽어주었던《초등공부방법》과 전에 몇 번 인용했던《부모 혁명 99일》에서 우연히 기회의 신 '카이로스Kairos'가 동시에 등장했다.

그리스신화에서 제우스의 아들이자 기회의 신인 카이로스는 앞머리가 길고 숱도 아주 무성하다. 하지만 뒷모습은 엉뚱하다. 머리카락이 없는 민머리다. 상상만 해도 너무나 우스꽝스럽다.

기회의 신은 왜 이런 모습을 하고 있는 것일까? 그의 생김새를 통해 우리는 기회의 속성을 알아차릴 수 있다. 즉, 기회는 다가올 때 바로 앞에서 잡지 않으면 절대 잡히지 않는다는 것이다. 기회의 때를 놓치면 다신 잡을 수 없다는 것을 카이로스가 민머리를 하고 있는 것으로 표현했다.

그럼 어떻게 하면 기회가 다가왔을 때 그것을 놓치지 않고 낚아챌 수 있을까?

로마의 철학자 세네카의 말을 통해 그 답을 찾을 수 있다. '기회는 준비가 행운을 만날 때 생기는 것', 이 말은 기회의 유무를 떠나 준비하는 삶이 얼마나 중요한가를 가르쳐준다. 평소에 멍하게 있다 보면 아무리 많은 기회가 와도 그것이 기회라는 것조차 알 수 없다. 이런 사람은 오히려 왜 나에게 기회를 주지 않느냐며 불평하길 잘한다. 그러나 깨어서 준비하고 있으면 기회를 알아볼 수 있는 눈이 생긴다. 그래서 기회의 신 카이로스의 앞머리를 확실하게 붙잡을 수 있다.

우리가 잘 아는 세계적인 소프라노라면 누가 있을까? 조수미와 신영옥이다. 아이들은 조수미는 아는데 신영옥은 잘 모르는 것 같다. 하지만 신영옥이 얼마나 유명한지는 부모들이 잘 알 것이다. 신영옥이야말로 기회의 신을 두 손으로 확실하게 붙잡았던 사람이다.

뉴욕 메트로폴리탄 극장에서 오페라 '리골레토'가 한창 공연 중이었다. 그런데 문제가 생겼다. 주인공 '질다' 역을 맡았던 소프라노가 갑자기 몸이 안 좋아진 것이다. 1막 후 급히 다른 소프라노로 대체해야 하는 상황이었다. 하지만 이 상황에서 다른 사람도 아닌 주인공을 어떻게 구해온단 말인가? 설령 있더라도 오페라 곡을 완벽하게 연습해서 당장 실전에 투입될 만한 준비가 된 사람을 찾는 것은 사실상 불가능한 일이다. 그런데 놀랍게도 신영옥이 그 자리에 있었다. 그녀는 그동안 무대 아래에서 선배가 노래하는 모습을 바라보며 수없이 연습했다. 이미 모든 곡을 완벽하게 외우고 있는 상황이었다.

공연은 대성공이었다. 이후 신영옥은 계속 질다 역을 맡아 공연하였다. 확실하게 기회를 잡은 것이다. 특히 마지막 공연은 전 세계에 생중계되었다고 한다. 이것은 세계 음악계에 소프라노 신영옥을 알리는 결정적인 순간이 되었다.

백지연이 인터뷰하고 쓴 《세계은행 총재 김용의 마음습관 '무엇이 되기 위해 살지 마라'》라는 책이 있다. 김용은 의학박사이자, 문화인류학박사다. 그는 아시아인 최초로 400대 1을 뚫고 미국 아이비리그 중하나인 다트머스대학교의 총장이 되었다. 그리고 아시아인 최초로 세계은행 총재가 되었다. 그의 말을 옮겨본다.

"나는 무엇이 되는 것what to be에 관심을 두지 않았습니다. 무엇을 해야 하느냐what to do를 늘 생각했죠."

그는 일찍부터 '무엇을 해야 하는지', '무엇을 하고 싶은지'에 관심을 가졌다. 그리고 이를 위해 열심히 준비했다. 결국 준비가 행운을 만나 위대한 기회가 되었다. 그는 의사 시절에도 그 자리에 머물러 있지 않고, 한 손에는 메스를 다른 한 손엔 고전古典을 들었다. 그가 얼마나 치열하게 준비하는 삶을 살았는지 알 수 있는 대목이다.

그렇다면 우리 아이들은 구체적으로 무엇을 준비해야 할까? 나는 교실 칠판에 'ATTITUDE'라는 글자를 코팅해서 잘 보이도록 붙여 놓았다. 늘 깨어서 준비하는 생활을 하자는 취지에서다. 아직은 미흡할 수 있겠지만 '늦었다고 생각할 때가 가장 빠를 수 있다'는 말처럼 지금부터 준비하면 된다.

학교폭력, 왕따 등, 우리 아이들은 그 어느 때보다 힘든 시대를 살고 있다. 그러나 과거에도, 현재에도, 미래에도 사람은 희망이어야 한다. 나 또한 교사로서 백년지대계百年之大計를 책임지고 있다는 것 자체가 스스로 자랑스럽다. 절망뿐인 것 같은 세상에 희망을 심는 이 일이 얼마나 감사한지 모른다. 미약한 힘이나마 보탤 수 있다는 것이 개인적으로 무척 의미 있다.

우리 아이들 중에서 어떤 인물이 나올지 아무도 모른다. 또 아이들에게 어떤 기회들이 찾아올지 우리는 알 수 없다. 하지만 분명한 점은 준비해야 한다는 것이다. 내일을 준비하기 위해 오늘을 반성하고 더 나은 내일을 계획하는 것은 참으로 멋진 일이다. 때문에 아이들은 오늘도 알림장에 GPS를 기록한다. 스스로 삶의 방향을 생각하고, 단호히 결심하는 모습들을 볼 때면 적잖이 감동을 받는다.

며칠 전에 '바다'라는 시를 배웠다. 우리는 바다처럼 넓은 마음을 갖기 위해 노력하기로 했다. 이를 위해 '때로는 좁아터진 마음을 넓히기 위해 마음을 찢어야 한다'고 말해주었다. 그랬더니 아이들의 GPS 칸이 온통 '마음을 찢겠다'는 비장한 다짐의 글들로 넘쳐났다.

매일은 준비의 연속이라 해도 과언이 아니다. 이렇게 매일 준비하는 삶이 매일 후회하는 삶보다 훨씬 값진 것임은 말할 것도 없다. 지금 이 순간 무엇을 준비하고 있는가? 준비 하나하나가 아이들로 하여금 꿈을 향해 가까이 나아가게 하는 소중한 밑거름이 될 수 있음을 기억하기 바란다. 아이들을 준비시키는 부모의 헌신과 수고, 그 노심초사조차도 좋은 자양분이 되어 활짝 꽃 피우게 되리라 확신한다.

웃음

아이들을 보내 놓고, 이런저런 사무를 뒤로한 채, 커피 한 잔을 마시며 여유를 즐기고 있다. 텅 빈 교실이 허전하게 느껴지지만은 않는다. 이 글을 쓰고 있는 지금, 미소 머금은 나의 입가가 느껴진다. 이런 기분이 일상적이지는 않다. 한바탕 전쟁을 치른 듯 피곤하긴 하다. 하지만 예기치 못한 여유가 그저 행복하게 느껴져서일까. 시끄러운 전화벨소리, 컴퓨터 화면에서 끊임없이 번쩍이는 메신저 알림, 각종 회의, 업무처리 등이 기다리고 있지만 왠지 오늘은 웃고 싶다.

월리엄 제임스William James는 '사람은 행복해서 웃기도 하지만, 웃기 때문에 행복하다'고 말했다. 아이와 부모 모두 행복한 웃음이 일상이 되었으면 좋겠다.

웃음요법 치료사들은 사람이 한 번 웃을 때 운동효과가 에어로빅 5분의 운동량과 같다고 주장합니다. 미국 스탠포드대 윌리엄프라이William Fry 박사의 말에 따르면 사람이 한바탕 크게 웃을 때 몸속의 650개 근육 중 231개 근육이 움직여 많은 에너지를 소모한다고 합니다.(구근회, 《부모혁명》중에서)

이 글을 읽으며 우리 반을 웃음이 넘치는 재미있는 교실로 만들어야겠다는 생각이 들었다.

최근 '좋은 수업의 조건들'이라는 글을 읽었다. 이 글에 따르면 좋은 수업의 조건 중 하나는 재미였다. 학생들은 재미있게 공부할 수 있는 분위기를 원하고 있었다.

아이들에겐 '재미있는 것'은 좋은 것이고, '재미없는 것'은 나쁜 것이라고 생각하는 경향이 있다. 이런 아이들의 생각을 억지로 바꾸고 싶지는 않다. 재미만 있다고 해서 좋은 수업이 되는 것은 아니지만, 좋은 수업을 만들려면 최소한 한 번 이상은 아이들의 웃음을 유도할 수 있어야 한다고 생각한다. 그래야 긴장된 몸과 마음이 이완되고, 몸의 세포도 깨어난다. 웃음은 그만큼 자극적이다. 이런 자극을 통해 행복한 마음으로 공부할 수 있도록 만들고 싶다.

나는 평소 오버맨이길 자처한다. 나의 오버액션이 반드시 웃음을 유발하는 것은 아닐지라도 항상 흥미롭게 바라봐주는 아이들의 배려가 나를 안심시켜준다. 그래서 내가 더욱 힘을 내서 수업을 할 수 있는 것 같다. 자극은 내가 하지만, 아이들이 웃음으로 반응해줘서 나 또한 많이 웃는다.

웃음에 대해 생각해보자. 웃음은 인간만이 가지고 있는 고유한 특성이다. 요즘은 포토샵으로 편집된 웃는 강아지와 고양이 사진을 인터넷에서 볼 수 있다. 하지만 그것도 어디까지나 인위적인 것으로 웃기고자 하는 인간의 웃음 본능에서 나온 것이라고 생각한다.

웃음은 '인터페론interferon 감마'라는 물질의 분비를 증가시켜 각종 병균을 퇴치하도록 돕는다. 뿐만 아니라 엔돌핀을 만들어 면역력을 높여주고 각종 질병을 예방해준다고 한다.

힘든 하루 일과를 마치고 돌아온 부모에게 자녀들의 애교 넘치는 웃음은 최고의 피로회복제이다. 뿐만 아니라 이에 반응하는 부모의 행복한 웃음은 자녀들에게 지속성 강한 안정제이다. 그래서 아이로 하여금 어떤 심리적 어려움이라도 넉넉히 이겨내도록 도와준다.

나는 초임 교사 때, 3월 초에 아이들의 기를 잡아야 한다는 이야기를 귀가 따갑도록 들었다. 그래서인지 아이들 앞에서 굳은 얼굴과 강압적인 어투로 대했다. 하지만, 이런 방법이 결코 좋은 것이 아님을 깨닫기까지는 오랜 시간이 걸리지 않았다.

아이들에게 좋을 리 없는 첫인상이 오래 남게 되어 아이들과 좋은 관계를 맺을 수가 없었다. 이후 나는 가급적 첫날 아이들의 긴장된 마음을 이완시키고, 안심시켜 주고자 노력했다. 그러자 굳어 있던 아이들의 표정은 시간이 지날수록 조금씩 편안해졌다. 어느 순간 개성 넘치는 독특한 웃음꽃들이 피어나기 시작했다. 교실이 아름다운 천국의 정원 같았다. 앞으로도 아이들 앞에서는 항상 웃는 얼굴로 생활하려 한다.

하는 것이 힘이다

내가 가르쳐 본 아이들은 제법 아는 것이 많았다. 물론 체계적·조직적인 지식은 아니지만 꽤 수준이 있어서 절로 감탄사가 나왔다. 하지만 사람의 능력은 아는 것에 비례하는 것은 아니다. 아는 것을 얼마만큼 실행하느냐에 달렸다.

설리번 선생님이 헬렌 켈러를 변화시킬 수 있었던 것은 그녀의 실행능력에 있었다. 그녀는 알고 확신하게 된 것을 적극적으로 실행했다. 반대에 부딪혔을 때도 절대 포기하지 않았다. 헬렌 켈러를 거듭 설득했고, 확신을 심었다. 이런 적극적인 실행 덕에 헬렌 켈러는 장애를 딛고 일어설 수 있었다.

'아는 것이 힘이 아니라 하는 것이 힘이다'라는 말은 이런 우리가 어디를 향해 뛰어야 하는지 가르쳐준다. 책상에 앉아 공부만 하는 것으로는 부족할 수 있다. 여행도 해보고, 온 가족이 둘러 앉아 함께 독서도 해보고, 토론도 해보고, 자녀가 좋아하는 보드게임을 함께해보고, 서로 '사랑한다' 고백도 해보고, 기념일엔 선물도 해보는 건 어떨까? 약속을 정해 힘들어도 꼭 지키고자 노력한다면 그것이 아이에게 진정한 교육이 되지 않을까?

요즘 진로문제를 두고 갈등을 겪는 가정이 많다. 만일, 아이들이 한비야처럼 세계를 여행하겠다고 나선다면 어떻게 하겠는가? 파르한처럼 일류대학을 잘 다니다가 갑자기 사진을 찍겠다고 한다면 어떻게 하겠는가? 쉽지 않은 선택임이 분명하다. 이처럼 아이의 실행능력이 너무 뛰어나도 부모 편에서 감당하기가 쉽지 않을 수 있다. 김미경 원장은 이에 대해 'MBC 파랑새특강'에서 부모는 결정적인 순간에 자녀를 밀어줄 수 있는 배짱이 있어야 한다고 말했다. 부모에게 쉽지 않은 선택은 아이에게도 마찬가지로 어렵다. 망설이는 아이의 손을 잡고 주어진 길을 갈 수 있도록 이끌 수 있는 사람은 부모뿐이다.

카르페 디엠

카르페 디엠Carpe diem이라는 말은 라틴어로서 '현재를 즐겨라'라는 뜻이다. 단지 현재의 순간적인 쾌락을 즐기라는 것이 아니다. 주어진 일에 최선을 다하면서, 작고 사소한 것에도 감사하는 삶을 누리라는 의미이다.

카르페 디엠이라는 단어가 우리에게 알려진 계기는 영화 '죽은 시인의 사회'일 것이다. 영화에서 존 키팅 선생님은 공부에 시달리는 아이들에게 카르페 디엠이라고 말한다.

《여덟 단어》,《인문학으로 광고하다》의 저자 박웅현은 책에서 카르페 디엠을 남다르게 실천하고 있다고 말한다. 그는 카르페 디엠을 '개'에게 배웠다고 한다. 그래서 자신은 개처럼 산다고 했다. 개처럼 산다? 몹시 궁금했다.

한번은 퇴근하여 집에 돌아왔는데 자신이 키우는 개가 반갑다고 계속 얼굴을 핥더라는 것이다. 마치 자기가 할 수 있는 것이 핥는 것 외에는 아무것도 없는 것처럼. 그러다가 밥을 주었더니 눈을 반짝거리며 "이렇게 맛있는 밥을"이라고 외치는 듯 맛있다고 꼬리치며 밥에만 집중하더란다. 그리고 밤이 되면 날이 밝을 때까지 늘어지도록 잔다.

개는 밥을 먹으면서 다음날을 걱정하지 않는다. '주인이 밥을 안 주면 어떡하나?' 의심하거나 걱정하는 법이 없다. 현재 주어진 음식에 집중하고, 세상이 어떠하든 일단 깊은 잠에 든 후, 또 주인에게 충성한다. 이런 점에서 개는 카르페 디엠을 모범적으로 실천하고 있는 것이다.

아이들도 비슷하다. 산책 중 아치정원에 매달린 수세미와 조롱박을 보며 감탄하는 모습, 점심시간에 땀을 뻘뻘 흘리면서 배드민턴에 집중하는 모습, 교생선생님들과 즐겁게 대화하는 모습 속에서 카르페 디엠을 발견할 수 있다.

교생실습기간이 시작된 후 한 달이라는 시간이 흘렀다. 이별의 아쉬운 순간이 다가와 마지막 이별 공연을 하면서도 아이들은 까르르 웃으며 지금 이 시간을 즐겼다. 그리고는 몇 분 안 돼 교생선생님들과의 행복했던 시간을 떠올리며 눈물을 글썽였다. 이 또한 아이들만의 현재를 의미 있고 값지게 사는 카르페 디엠의 삶이리라.

사람들의 대화를 들어보면 '왕년에, 내가'라는 말이 참 많다. 또는 '그때 그랬어야 했는데' 하는 후회의 말, 원망의 말도 많다. 나도 그랬다. 생각해보면 참 어리석은 것인데 왜 그것을 반복하는지 모르겠다.

이번 교생실습기간 중에 우리 반은 참 많은 칭찬을 들었다. 아이들의 왕성한 발표력, 활발한 짝 활동, 생기발랄한 아이들의 표정, 역동적인 모둠활동 등, 나도 미리 지도안을 쓰고 수업자료를 준비해서인지 교생실습기간을 행복하게 보낼 수 있었다.

이 기간 동안 나는 준비와 감사를 깨달았다. 내일을 위해 오늘을 준비하고 내일을 기대하는 그 마음으로 오늘 달콤한 행복을 맛볼 수 있었다. 그래서 감사할 수 있었다. 이것이 진정한 카르페 디엠이다.

곧 방학이다. 방학도 없이 늘 학기 중이라면 어떨까? 또는 개학도 없이 늘 방학이라면? 현재는 늘 새로운 모습으로 우리 곁에 다가오는 것 같다.

아이들의 몸과 마음이 정말 많이 자랐다. 옆에서 지켜보는 내가 깜짝깜짝 놀랄 정도이다. 발표력과 표현력이 특히 많이 늘었다. 책을 읽는 몰입도도 많이 좋아졌고, 교우관계도 점점 깊어가고 있다.

남은 한 주 동안 방학을 기대하며, 준비하며 또 아이들과 카르페 디엠 할 생각을 하니 가슴이 설렌다. 학부모들의 무한신뢰와 전폭응원 속에서 무사히 한 학기를 보낼 수 있어 감사하다.

'현재present'라는 단어에는 '선물'이라는 또 다른 의미가 있다. 행복하고 만족스런 삶은 현재를 가치 있게 느끼는 것에 있다. 오늘 지금 이 순간을 사랑해야겠다. 내게 주어진 이 행복을 최대한 누리고 싶다. 지금 이 순간 내가 할 수 있는 최선이 무엇인가 생각하면서 말이다.

몰입을 위한 마중물 붓기

　많은 사람들이 행복을 잘 누리지 못하고 있다는 생각이 든다. 그 이유는 어떤 일을 행복한 마음으로 한다는 것 자체가 남다르게 느껴지기 때문이다.

　그래서 생각해보았다. 무엇이든 행복한 마음으로 할 수 있도록 도와주는 비법 같은 것은 없을까? 나는 그중에 하나가 몰입이라 생각한다. 처한 상황과 무관하게 자신의 일에 몰입할 수 있다면 그로 인한 몰입의 즐거움도 항상 내 것이 되기 때문이다.

　아이들에게 마중물의 원리에 대해 이야기한 적이 있다. 요즘 아이들은 펌프가 뭔지 잘 모르겠다고 한다.

　펌프가 지하수를 퍼 올리는 장치라는 것쯤은 다 알고 있을 것이다. 나는 시골에서 자랐기 때문에 더욱 펌프에 대한 기억이 많다. 초등학교

2~3학년 때의 기억이 생생하다. 무더운 여름날 하교 후에 집에 오면 어김없이 할머니께서 등목을 해주셨다. 윗옷을 벗고 펌프 밑에 엎드리면 할머니는 일단 한 바가지 물을 펌프에 붓고, 열심히 펌프질을 하셨다. 이후 헐렁하던 손잡이가 묵직하게 느껴지는 순간이 온다. 흘러 들어갔던 물이 지하수를 끌어당기고 있는 것이다. 곧 시원한 지하수가 따라 나온다. 펌프로 물을 퍼 올리기 위해 처음 넣었던 한 바가지의 물을 '마중물'이라고 한다.

마중물의 원리는 바로 이런 것이다. 마중물을 부은 후 꾹 참고 펌프질의 수고와 노력을 하다 보면 어느 순간 몰입의 행복감이 밀려온다. 자칫 지겹고 힘들 수 있다. 하지만 몰입을 경험해보겠다는 마음이 중요하다. 그리고 인내가 필요하다. 마중물의 원리를 알고 그 행복한 결과를 확신한다면 그전의 모든 과정도 즐거워질 것이다. 이런 즐거움을 알고 있는 사람은 무기력하지 않다. 의욕적이다. 그래서 자연스레 성취하며 풍성하게 누리는 삶을 살게 된다.

미국 스탠포드대 미셸 박사는 아이들을 대상으로 마시멜로 실험을 했다. 먼저 아이들이 좋아하는 달콤한 마시멜로를 똑같이 주었다. 그리고 자기가 돌아올 때까지 먹지 않고 기다리면 하나를 더 주겠다고 했다. 실험이 시작되자 조금의 주저함도 없이 꿀꺽 먹어치우는 아이들이 있는가 하면 꾹 참는 아이들도 있었다.

그 후 15년이라는 세월이 흐른 뒤 당시 실험 대상이었던 아이들을 조사했다. 결과는 놀라웠다. 꾹 참고 기다렸던 아이들은 대부분 성공적인 인생을 살고 있었다. 반면 즉시 먹어버렸던 아이들은 대부분 그렇지 않았다. SAT시험결과는 무려 평균 250점 이상의 차이가 있었다고 한다.

이제 분명해졌다. 아이들에게 인내를 가르쳐야 하겠다. 하지만 '무조건 인내해라' 할 수만은 없다. 참고 인내할 때 무엇을 얻을 수 있는지 가르쳐줘야 한다. 이와 더불어 일종의 훈련이 필요하다. 현재 나는 아이들에게 몰입독서를 훈련시키고 있다. 물론 몰입을 위한 마중물 붓기도 연습하고 있다.

몰입을 위해 또 필요한 것은 목표설정이다. 분명한 목표가 있을 때 그 목표가 이끄는 몰입을 경험할 수 있기 때문이다. 목표설정은 마중물 붓기의 또 다른 이름이다.

위인을 연구해서 훌륭한 점을 닮고자 하는 것은 우리의 공유된 목표이다. 이런 목표가 아이들로 하여금 몰입독서를 성공적으로 수행하게 하고, 그 가운데 몰입의 즐거움을 느끼게 한다. 결국 몰입독서가 행복한 습관이 되게 한다.

민주적 소통은
경청에서부터

아이들이 어리다고 일방 통행하듯 말과 행동을 하다 보면 소통에 문제가 생긴다.

과거 교사는 왕처럼 군림했었다. 사실 지금도 그런 경향이 없지 않다. 하지만 그런 식의 학급운영은 한계가 있다.

나 또한 남교사로서의 권위의식이 있었다. 때문에 초임 시절에는 거칠고 다루기 힘든 남학생들을 남교사 특유의 힘으로 다스리고자 했다. 그때는 이 방법이 아주 잘 통했다. 편하게 학급을 운영할 수 있었다. 그러나 그것은 어디까지나 교사 편의주의였다. 정말 아이들을 위한다면 그 권위의식을 내려놔야만 했다. 민주적인 방법으로 대화를 시도하고, 아이의 마음을 읽어주면서 소통할 수 있어야 한다는 것을 깨달았다.

가정에서도 아이와 바른 관계성을 맺기 위해 많은 노력을 기울이고 있을 것이다. 그럼에도 불구하고 아이의 몸과 마음이 자라고 사춘기까지 오면 갈등이 제법 있는 것 같다.

내가 아는 한 선배님은 사춘기 큰 아들과 육탄전(?)을 하셨다고 한다. 상황 자체가 너무 속상해서 그냥 울 수밖에 없었다는데, 나 또한 두 아들을 키우는 아버지로서 매우 걱정이 되었다.

유치원 시절엔 무조건 부모 말을 따랐는데, 지금은 근거가 부족하면 "왜?"라고 따진다. 더 크면 이런저런 이유를 대면서 따지기도 하겠구나 생각하니 고민이 되었다. 고민 끝에 자녀와 민주적으로 소통할 수 있어야 한다는 결론을 얻었다. 그래야만 아이도 세상과 민주적으로 소통할 수 있기 때문이다.

첫째, 토킹스틱

북미 인디언인 이로코이족은 회의를 할 때 원으로 둘러앉아 한 사람씩 '토킹스틱Talking Stick'을 사용했다. 토킹스틱은 대머리 독수리가 정교하게 새겨진 1.5m짜리 지팡이를 말한다. 지팡이를 가진 사람만이 발언할 수 있으며, 말하는 동안에는 그 누구도 끼어들 수 없다. 발언자는 자신의 뜻을 모든 사람이 정확하게 이해했는지 재차 확인을 하고 다른 사람에게 지팡이를 넘겨준다.

이런 식으로 모든 사람들이 말하고 모든 사람들이 말하고 들으면서 완전한 커뮤니케이션의 책임을 진다.(좋은생각 편집부, '경청의 힘' 중에서)

나도 이 방법을 아이들에게 적용해본 적이 있다. 아이들 사이의 분

쟁은 어른들이 생각하는 것 그 이상이다. 그것을 사사건건 다 해결해주기란 결코 쉽지 않다. 그러나 토킹스틱을 사용하면 의외로 문제해결이 순조롭다. 토킹스틱은 중간에 말을 자른다거나 끼어들 수 없다. 그래서 모두 인내심을 가지고 끝까지 경청하게 된다. 말하는 아이의 입장에서는 존중받는다는 느낌이 든다. 아이들 중엔 증인들도 있기 때문에 허위사실을 말할 수도 없다. 이렇게 몇 번 대화를 주고받다 보면 무엇이 진실인지 드러난다. 교사가 관여하지 않아도 자연스럽게 문제가 해결되는 것이다. 잘못한 아이는 사과를 하고, 사과를 받은 아이는 위로를 얻는다.

전에는 내가 끼어들어서 판정을 해주곤 했다. 그런데 가해자는 나의 판정을 인정하면서도 서운한 마음을 감추지 못했다. 심지어 중재자인 내가 미움의 대상이 되기도 했다. 하지만 토킹스틱은 그 누구도 비난하지 않는다. 다만 민주적인 대화의 과정을 통해서 스스로 부끄러움을 느끼도록 할 뿐이다.

가정에서의 대화는 부모가 주도하는 경우가 많다. 그런데 대화가 잘 풀리지 않을 땐 부모에게서 원치 않게 격한 목소리가 터져 나오기도 한다. 이것은 전적으로 부모에게 책임이 있다고 생각한다. 부모는 아이의 말을 끝까지 들어줄 수 있어야 한다. 어떤 말을 해도 비난하지 않고 이해할 수 있다는 무언의 눈빛을 계속 전달해야 한다.

'2+2=4'에는 재미있는 메시지가 들어 있다고 한다. '이해하고 또 이해할 수 있는 것이 사랑'이라는 것이다. 부모라면 끊임없이 아이의 감정을 읽어주고 이해해주면서 따뜻한 대화를 시도해야 한다. 자녀를 진실로 사랑한다면.

1단계: 무시하며 듣기 말을 하지만 상대가 전혀 듣지 않는다. 그래서 말하는 사람의 기분이 상한다.

2단계: 듣는 척하기 들어주는 척하기 때문에 이야기가 계속 이어질 수 없다.

3단계: 선택적 듣기 이야기 전체에 집중하지 않는다. 자신이 듣고 싶은 부분만 골라서 듣고자 한다. 중요한 내용이 잘 전달되지 않기 때문에 오해가 발생한다.

4단계: 귀 기울여 듣기 충분히 귀 기울여 듣는다. 말하는 사람은 존중받는다고 느낀다. 그러나 마음의 문은 쉽게 열리지 않는다.

5단계: 공감적 경청 어떤 마음으로 말하는지, 왜 그런 말을 하는지 생각하며 듣는다. 그 내면을 깊이 이해하고자 하는 마음으로 듣는다. 나아가 적극적으로 공감하며 반응한다. 그래서 말하는 사람은 충분히 이해 받았다고 생각한다. 결국 마음의 문을 활짝 열고 속 이야기도 말하게 된다.

스티븐 코비 박사의 경청의 5단계

인간관계의 성패는 대화에 달렸다. 대화에서는 듣는 자세가 중요하며 공감적 경청이야말로 최고의 남다른 듣는 자세이다. 공감적 경청의 자세로 대화를 시도한다면 어떤 파괴된 관계도 소생될 수 있다.

생각산책

앞으로 한 주에 한 번은 '생각산책'을 하기로 했다. 생각은 1%의 영감을 얻을 수 있는 좋은 방법이다. 여기엔 규칙이 있다. '친구랑 이야기 하지 않기', '한 가지 주제에 대한 생각을 계속하기'이다.

첫 번째 주제를 용기로 정했다. 용기勇氣의 사전적 정의는 '씩씩하고 굳센 기운', '사물을 겁내지 아니하는 기개'이다. 산책을 하면서 용기에 대해 생각해보았다.

살다 보면 우리를 겁나게 하는 일들이 참 많다. 아이가 하교시간이 한참 지나도록 집에 돌아오지 않고, 연락도 안 된다면? 중요한 시험을 망치게 된다면? 우리 아이가 어느 날 갑자기 왕따가 된다면? 생각만 해도 끔찍한 일들이다.

일단 겁을 먹으면 판단력이 저하된다. 쥐가 고양이에게 잡혀 먹히는 것은 쥐의 달리기 능력이 부족해서가 아니다. 달리기만으로는 고양이가 쥐를 당할 수 없지만 쥐는 고양이 앞에만 서면 한없이 작아진다. 겁먹은 쥐는 두려움 때문에 우왕좌왕하다가 결국 고양이에게 잡히는 것이다.

능력은 뛰어난데 두려움 때문에 능력을 충분히 발휘할 수 없다면 얼마나 안타까운가?

반면 1990년에 개봉된 '죽기 아니면 까무러치기'라는 영화는 그 반대의 경우를 보여준다.

정년이 얼마 남지 않은 버트라는 형사는 마지막 건강검진에서 진단 카드가 바뀌는 바람에 시한부 인생 선고를 받게 된다. 그는 병으로 죽는 것보다 근무 중에 순직하면 어마어마한 보험금을 받을 수 있다는 것을 알게 됐다. 결국 그는 가족을 위해 순직을 결심한다. 평소 몸 사리기로 유명한 사람이었지만, 시한부 선고 이후 그는 확 달라졌다. 용감무쌍한 그의 모습에 동료들은 당황할 수밖에 없었다.

그가 '죽기 아니면 까무러치기'라는 자세로 삶에 임하자 수많은 찬사가 이어졌고, 많은 상장과 훈장이 쏟아졌다. 두려움의 문제를 극복하는 순간 잠재된 능력들이 동시에 발휘된다는 것을 알 수 있다.

수업시간 중 "여러분은 어떤 두려움이 있나요?" 하는 나의 질문에, 아이들은 "혹시 실수하지 않을까 하는 두려움이 있어요", "계속 실패할 것만 같은 마음 때문에 힘들어요"라고 답변하였다.

수업시간에 '폭탄'(수업태도가 나쁜 학생에게 주는 빨간 작은 공으로, 태도가 나쁜 다른 학생이 발생하면 폭탄은 다시 그에게 옮겨간다. 시종이 울렸을 때 폭탄을 가진 사람이 벌점을 받는다)을 만들었다. 아이들이 느끼는 두려움의 정도가 어떠한지 궁금해서 실시했는데, 폭탄과 벌점이라는 부정적 이미지가 강해서 인지 겁내는 아이들이 정말 많았다.

한편, 두려움을 극복하는 방법으로 아이들은 연습을 꼽았다. 연습은 일종의 이미지 트레이닝 역할을 한다. 연습을 거듭하다 보면 어느 순간 피할 길이 보인다. 자신감도 생겨서 용기 있게 헤쳐 나갈 수 있다. 어떻게 이런 생각을 해냈는지 참 기특하다.

《손자병법孫子兵法》〈모공謀攻〉편에 지피지기知彼知己면 백전불태百戰不殆라고 했다. 두려움의 실체를 알면 그것에 대한 만반의 준비를 하게 된다. 나의 부족한 점이 무엇인지 알게 되고 그것을 보완하게 되어 용기 있게 문제를 해결할 수 있다.

산책을 하면서 나도 사색에 동참했다. 나는 건강에 대한 두려움이 있었다. 몸 상태가 안 좋아질 때면 혹시 건강에 이상이 있는 것은 아닐까 두려웠다. 이것은 소극적인 삶으로 이어져 모든 것을 무기력하게 만들었다. 내가 원치도 않았는데 마음대로 와서는 내 마음을 강하게 사로잡아버렸다. 이 두려움은 여러 심층적 근거가 있기 때문에 그 세력이 클 수밖에 없다. 하지만 이런 생각 대신 음식을 골고루 먹고, 열심히 운동하고, 충분한 수면을 취하자 두려움은 어디론가 사라져버렸다.

용기란 다시 도전하는 것이라고 생각한다. 실패하더라도 일어나

다시 도전하고자 하는 자세가 있다면 그 사람은 분명 용기 있는 사람이다.

에디슨은 아마 세상에서 가장 많은 실패를 경험한 사람 중 하나일 것이다. 그가 다시 도전하지 않았다면 어떻게 되었을까?

링컨은 선거에서 거듭 실패했다. 지인들은 그가 낙담하여 자살하지 않을까 걱정했다. 그래서 눈에 보이는 모든 자해에 쓰일 만한 도구들을 치워버릴 정도였다. 하지만 그는 실패를 인정하고 받아들이되 반전의 기회로 삼았다. 실패해도 결코 포기하지 않았다. 끝까지 도전하는 삶을 산 끝에, 결국 미합중국의 대통령이 되었다.

아이들에게 실수할 수 있고, 실패할 수 있다는 허용적인 마음자세를 길러주어야 하겠다. 그래야 아이들이 현실의 숱한 어려움에도 크게 스트레스 받지 않고 용감하게 도전하는 삶을 살 것이다.

남다른 언어의 위력

한때 금요일마다 경어데이를 운영했었다. 하지만 이벤트성 행사에 멈추곤 했다. 담임인 나조차도 경어데이인지 모르고 지날 때가 많았으니까. 그런데 학교폭력연수를 들으면서 충남의 한 학교가 '존댓말쓰기'를 통해 인성 교육에 힘썼고, 그랬더니 학교폭력이 현저히 줄었다는 이야기를 듣게 되었다. 순간 솔깃했다. 내가 가르치는 아이들에게 다시 경어데이를 시작해야겠다는 생각이 들었다.

최근 아이들이 서로 말로 상처를 주고받는 모습이 눈에 띄었다. 심각한 수준은 아니었지만 아이들의 언어사용에 대한 문제의식이 강하게 들었다. 소극적인 인성 교육을 지나 좀 더 적극적인 조치가 필요하다고 생각했다. 그래서 전면적으로 경어를 사용하기로 아이들과 약속하고 나 또한 경어 사용에 동참하기로 했다.

아이들끼리 하루 종일 경어로만 지낸다는 것이 쉬운 것은 아니다.

의식적인 노력과 열의가 없으면 절대 가당치 않은 시도다. 하지만 대부분의 아이들이 성공적으로 참여하고 있는 것에 대해 매우 고맙게 생각한다. 물론, 자기도 모르게 반말이 튀어나와서 민망해할 때도 있다. 하지만 크게 자책하지 않도록 격려해주고 있다.

'꼭 이렇게까지 경어를 사용해야만 하는 겁니까?' 하는 부모들의 질문이 귓가에 들리는 듯하다. 아이들을 가르치면서 일상어를 사용할 때는 물론 친근한 느낌이 있지만 교사도 인간인 이상 말실수를 할 때가 있다. 특히 이런저런 이유로 화가 날 때가 있는데 이때 교사의 언어도 덩달아 거칠어진다는 것이 문제다. 게다가 나는 남자이기 때문에 아이들이 얼마나 무서웠겠는가? 그래서 의도치 않게 아이들이 상처를 많이 받았을 것이다.

6학년을 가르칠 때였다. 어느 합동체육시간에 무척 당황스런 일을 겪었다. 옆 반의 한 남자 아이가 목에 핏대를 세운 채 선생님들을 원망하고 있었다. 무엇 때문이었는지 잘 기억나지 않지만 너무나 무례한 아이의 모습에 적지 않은 충격을 받았다. 몇 마디 타일렀지만 더욱 반발하며 말대꾸까지 했다. 안 되겠다 싶어 강제로 교실로 데려왔다.

아이의 독기 먹은 눈빛은 금방이라도 나를 칠 것만 같았다. 키도 크고 덩치도 큰 아이였다. 말투까지 강해서 살짝 겁이 났다. 일단 훈계를 시작한 만큼 내가 먼저 꼬리를 내리면 안 될 것 같았다. 아이는 서서 씩씩거리고 있었고, 나 역시 앉아는 있었지만 마음이 가라앉지 않아 함께 씩씩대고 있었다. 그러다 평범하게 혼내면 안 되겠다는 생각에 경어로

호통을 치기 시작했다. 그랬더니 나를 쩨려보는 아이의 눈빛이 아주 조금씩 부드러워지고 있다는 것이 느껴졌다. 그러더니 어느새 주도권이 나에게로 넘어왔다. 이후로는 부드러운 경어로 아이를 위로해주며 격려해줄 수 있었다. 아마 아이는 이렇게 혼나본 적이 없었을 것이다. 신기하게도 그 사건이 있은 후 아이와 나의 관계가 매우 좋아졌다. 나를 매우 존경하고 존중한다는 느낌마저 들었다.

내가 경어를 쓰고자 마음먹게 된 계기가 있었다. 초등학교 4학년쯤이었을 것이다. 부모님 지갑에 몰래 손을 댔다가 부지깽이로 된통 혼난 적이 있다. 그리고 문제집 산다고 부풀려 돈을 받아내서 남은 잔돈을 몰래 챙기기도 했다. 그런데 어느 순간 이렇게 살면 안 되겠다는 생각이 들었다. 이미 부모님의 신용을 잃은 듯했지만 반드시 만회할 수 있다는 생각에 시작한 것이 경어 사용이었다. 부모님 말씀에 꼬박꼬박 경어를 사용하기 시작했다. 시간이 지날수록 부모님이 나를 대하시는 태도가 조금씩 달라지고 있다는 느낌이 들었다. 그리고 어느 순간 나를 향한 부모님의 온전한 신뢰가 느껴졌다. 내가 어떤 말을 해도 다 믿어주셨다. 이런 부모님을 절대 실망시켜드릴 수가 없었다. 그래서 공부도 열심히 하게 된 것 같다.

요즘 교실에서 아이들이 주고받는 대화를 들어보면 참 재미있다. 아직 경어와 높임말을 구별하지 못해서 본의 아니게 말실수를 할 때가 있기 때문이다. 예를 들어 친구에게 "미안합니다" 하면 될 것을 "죄송합니다"라고 하는 것이다. 이런 모습을 보면 너무 흐뭇해서 나 혼자 실실 웃을 때가 많다. 우리 반에서 시도하는 경어 사용 운동은 내가 생각해도 모험 같다. 이 모험이 언제까지 지속될는지 잘 모르겠다. 하지만 경어를 사용하면서 점차 서로를 깊이 존중하는 분위기가 자리 잡고 있는 것은 분명하다.

가정에서도 나는 아이들에게 경어를 사용하고자 남다른 노력을 하고 있다. 학부모에게도 가정에서의 경어 사용을 권한다. 결코 손해 보지 않을 것이다.

3의 힘

요즘 우리는 언론매체를 통해 학교폭력의 실상을 신랄하게 전해 듣고 있다.

그럼에도 불구하고 초등학교에서의 학교폭력에 대해서는 많은 사람들이 아직도 대수롭지 않게 생각하는 경향이 있다. 하지만 초등학교 교실에서도 약소하게나마 '학급카스트'가 존재하며 그 속에서 은밀한 관계적·신체적 폭력들이 나타나기도 한다. 고학년의 경우에는 매우 심각한 경우도 있다.

이로 인해 한창 밝고 행복하게 학교생활을 해야 할 아이들이 고통을 받으며 지옥과 같은 하루를 보낸다. 이러한 학교 내 폭력문제를 더 이상 좌시해서는 안 된다. 적극적인 관심과 보호가 있어야 한다. 평화로운 학교는 우리 모두의 관심으로부터 시작된다.

아래 첫째에서 셋째까지의 내용은 문재현의《학교폭력, 멈춰!》(살림터)에서 발췌한 내용을 정리한 것이다.

첫째, 학급카스트

학교에는 학급카스트라고도 하는 학급서열관계가 존재한다.

초등학교 3학년 때부터 거의 대부분의 학급에 존재한다고 하는데, 심각한 것은 피해자와 가해자 외에 다른 아이들 대부분이 방관자로 아무런 역할을 하지 않는다는 것이다. 무관심일까? 아니면 자신도 피해를 입으면 어쩌나 하는 두려움 때문일까? 소극적 가담까지 발생하고 있는 것이 요즘 교실의 분위기다.

왜 이런 폭력문화가 학교에 자리 잡게 되었을까? 그것은 우리 사회에는 '차이를 차별로 만드는 왕따 문화'가 깊이 뿌리내리고 있기 때문이라고 한다. 치열한 경쟁사회이다 보니 공부를 잘하거나, 그렇지 않으면 싸움을 잘해야 존재의미를 갖는 병든 사회문화 탓도 있다. 많은 스트레스가 아이들의 공격성을 조장하는 것일 수도 있다. 이런 폭력을 부추기는 특수한 문화가 사라지지 않는 한 서로가 피해자이자 동시에 가해자가 되는 악순환의 고리는 끊어지지 않을 것이다.

둘째, 3의 힘

'셋이 모이면 상황을 바꿀 수 있다'는 흥미로운 실험영상이 있다. 셋이 모이면 상황을 역전시킬 수 있고, 어떤 위기도 극복할 수 있게 된다는 실험이다. 학교폭력도 혼자는 힘들지만 둘이나 셋이 공감하면 괴롭

힘 당하는 약자를 도울 수 있다.

아이가 괴롭힘을 당할 때는 주변을 둘러본다고 한다. 친구가 도와주기를 간절히 바라기 때문이다. 단 한 명의 친구라도 관심을 갖고 도와준다면 아이는 마치 구원이라도 받은 것처럼 느낀다고 한다. 그러나 도와주는 이가 아무도 없다면 아이는 친구들, 다른 사람들, 나아가 세상을 믿을 수 없게 된다.

나도 고등학교 때 이런 구원을 경험한 적이 있다. 한 선생님이 내가 폭행당하는 모습을 보셨음에도 그냥 지나치시는 게 아닌가. 순간 큰 충격을 받았다. '어떻게 저럴 수가 있을까?' 생각하면서 잠시나마 존경했던 그 선생님을 혐오했다. 다행히 몇몇 친구들이 나를 적극적으로 보호해주어서 가해 친구가 더 이상 폭력을 행사할 수 없었다. 나에게 이런 든든한 친구들이 있다는 사실이 무척 큰 힘이 되었다.

방관도 폭력이라는 인식을 가져야 한다. 나아가 우리 반에서 일어나는 일은 내 일이 아닌 것이 없다는 생각이 필요하다.

셋째, 자상한 늑대 우두머리

캐나다 북부에서 11마리의 늑대 무리 사이에서 벌어졌던 일이다.

서열이 낮은 늑대 두 마리가 무슨 일인지 서로 싸우게 되었다. 으르렁 거리며 살벌한 눈빛을 주고받더니 서로 목덜미를 물기 위해 달려들었다. 그 순간 늑대 우두머리가 개입했다. 이빨을 드러내서 자신의 힘을 과시하는 방법으로 해결했을까? 그렇지 않다. 춤을 추듯 두 싸움꾼 사이로 다가가더니 그 가운데 힘이 센 늑대에게 함께 놀자고 했다. 그

늑대는 즉시 대장과 함께 장난을 하며 뒹굴었다. 두 싸움꾼 늑대의 공격성은 언제 그런 일이 있었냐는 듯 사라졌다. 폭력적인 분위기가 우두머리의 슬기로운 개입으로 인해 한순간에 바뀐 것이다.

문재현 평화샘프로젝트 소장은 《학교폭력 멈춰!》에서 교사, 아이, 부모들이 함께 만드는 '평화로운 교실 만들기'를 제안한다. 핵심은 학교폭력에 무관심하거나, 방관하는 구성원들을 변화시키는 것이다.

방관자들이 평화수호자로서의 입장표명만 제대로 한다면 학교폭력은 더 이상 설 자리를 잃게 된다. 이로써 가해자를 부끄럽게 하고, 피해자는 안심하도록 도울 수 있다. 교사와 학부모들의 개입도 자상한 늑대 우두머리처럼 슬기로워야 한다.

누구에게나 잠재된 폭력성은 있다. 하지만 이것이 폭력적인 문화로 굳어지도록 방관하면 안 된다. 이를 위해 지속적인 평화 분위기 조성이 절실하다.

CHAPTER 4

위대한
만남

아이들의 날갯짓은 마치 기러기의 날갯짓 같다.

기러기는 하늘로 날아오르기 전 제자리 날갯짓을 반복한다.

매우 힘겨워 보인다.

과연 날 수 있을까 싶다.

그러나 얼마 지나지 않아 아름다운 비행이 시작된다.

우리 아이들은 아직 제자리 날갯짓 중이다.

언젠가 아이들의 작은 날갯짓이

위대한 날갯짓으로 성장하리라 믿는다.

위인전 읽기 프로젝트

아이를 특별하게 키우고자 하는 부모들은 뭔가 특별한 양육법이 있지 않나 궁금해한다. 시중에 나와 있는 각종 서적들을 보면 저마다 교육법이 있긴 하다. 그러나 그것이 모든 아이에게 꼭 맞는다고 할 수 있을까? 그렇지 않다.

특별한 비법 같은 것은 없다고 하는 것이 옳다. 굳이 있다면 우리 아이에게 맞는 맞춤형 커리큘럼을 손수 기획하여 함께 실천하는 것이다.

'초등학교 시절 독서는 공부보다 10배 중요하다'는 말이 있다. 초등학교 때 아무리 공부를 잘했다 해도 이후 상급학교에서까지 잘하리라는 보장은 없다. 하지만 독서습관이 잘 든 아이, 독서를 통해 사유하는 아이는 상대적으로 그렇지 못한 아이들보다 성공적으로 자랄 확률이 매우 높다.

처칠, 아인슈타인, 에디슨의 공통점은 어렸을 때 모두 저능아 취급을 받았다는 것이다. 하지만 모두 어머니의 헌신적인 독서교육으로 인해 남다른 업적을 남길 수 있었다. 그들의 성공도 어머니의 독서교육에 있었다. 아마 가정에서도 이런 문제의식을 가지고 때로는 아이와 싸워가며 치열하게 교육하고 있을 것이다. 바쁘고 피곤하지만, 아이의 행복한 미래를 꿈꾸며 하루하루 고군분투하는 모습이 아름답다.

나는 학교의 부모와 같은 존재로서 독서교육을 체계적으로 하고 싶은 마음이 있다. 이런 문제의식은 전에도 있었지만 특히 지난주 아이들의 책 읽는 모습을 보고 더욱 구체적으로 변했다.

아이들의 아침 몰입독서 열기는 정말 뜨겁다. 몰입 그 자체다. 수업 시작을 알리는 종소리가 야속하다는 아이들의 눈빛이 역력하다. 하지만 이 열기와 달리 아이들의 독서는 체계적이지 않다. 양질의 독서와도 거리가 있어 보인다. 흥미 위주의 책보다는 한 단계 높은 사유의 기회를 주기 위해 인문고전을 읽히고 싶지만 초등학생들에게는 조금 벅찬 느낌이 든다.

그래서 위인전 읽기 프로젝트를 생각하게 되었다. 세계를 품고 꿈을 펼치는 아이들의 위대한 모습을 보고 싶다. 이 프로그램은 나의 야심찬 계획이 들어 있는 작지만 큰 시도가 될 것이다. 이것을 생각하게 된 계기는 이지성의《당신의 아이는 원래 천재다》를 통해서다.

초등학교 아이에게는 다른 무엇보다 위인전을 많이 읽혀야 한다. 위인전을 많이 읽히면 아이의 사고방식이 변하기 때문이다. 위인전을 읽히면 자신감, 리더십, 책임감이 생기고 매사에 긍정적이고 적극적인 아이로 변한다. …중략… 인생은 '도전과 극복'이라는 매우 단순한 구도로 짜여 있으며 이 틀을 벗어나는 사람, 즉 도전을 포기한 사람에게는 정체나 퇴보, 더 나아가서는 패배가 주어진다는 메시지를 아이들은 받아본 적이 거의 없기 때문에 어려움을 만나면 쉽게 포기하고 좌절한다. 이런 도전과 극복의 메시지를 가장 강력하게 전달하고 있는 것이 바로 위인전이다.

친구들과 함께 읽고 다양하게 나눌 수 있다면 더 큰 시너지 효과가 일어날 것이다.

일주일에 위인 1명, 즉 일주일에 위인전 1권으로 계산하고 방학을 감안하면 50권은 족히 읽힐 수 있다. 가정에 위인전집이 있다면 그 책을 활용해도 되고, 가까운 도서관을 이용해도 된다. 다만 아이 수준에 맞는 책으로 해야 한다. 위인 50명 리스트는 꿈꾸는 방 카페에 올려놓았다.

독서가 끝나는 금요일엔 그 위인에 대한 간단한 독서토론을 진행한다. 일주일 동안 인물을 탐구하고 배우다 보면 아이만의 롤모델도 생길 것이다. 벌써부터 즐거운 상상이 눈앞에 생생하게 펼쳐지는 듯하다.

벼룩은 자기 몸보다 200배 이상 뛰어 오를 수 있다고 한다. 이것이 벼룩의 가능성이다. 하지만 벼룩을 병에 담아 놓으면 이야기는 달라진다. 병 안에만 있다 보니 정해진 그만큼만 뛸 수밖에 없다. 놀라운 것은 그 벼룩을 병에서 꺼내놔도 여전히 그렇다는 것이다. 200배 이상의 능력이 있음에도 현실의 한계로 인해 그 능력이 발휘되지 못하는 것이다.

나는 위인전 읽기를 통해서 아이들에게 본래부터 존재했었던 위대한 능력을 다시 끌어내주고 싶다. 위인과의 만남을 통해 그 위대한 세포들이 깨어나기를 기대한다.

위대한 공부를 하지 않고서 위대한 생각을 할 수 있었던 사람은 존재하지 않는다. 위대한 인생을 살았던 인물은 더더욱 존재하지 않는다. 위인전 읽기는 아이들에게 위대한 생각을 시작케 하는 위대한 공부가 될 것이다.

몰입독서:
비상하는 날갯짓의 시작

우리 교실은 매일 아침 몰입독서의 열기로 뜨겁다.

아침 자습시간에 독서하는 모습은 많은 학급에서 흔히 볼 수 있는 풍경이다. 아침에 주어지는 독서시간은 최소 20분에서 최대 1시간까지 매우 다양하다. 그리고 그것을 활용하는 모습은 더욱 다양하다. 그런데 교사로서 내가 느낀 점은 시간 때우기식 활동이 되기 쉽다는 것이다. 교사는 출근하자마자 여러 업무를 처리하느라 분주하게 하루를 시작하는 경우가 대부분이다.

이런 문제의식 가운데 시작한 것이 아침 몰입독서였다.

무엇보다 꿈을 이룬 위인들의 공통점이 몰입과 독서였다는 판단 하에 두 가지를 융합한 프로그램을 아이들에게 적용해보고 싶었다.

황농문 교수는 《몰입 - 인생을 바꾸는 자기 혁명》에서 몰입을 이렇게 설명했다.

아프리카의 초원을 거닐다가 사자와 마주쳤다고 하자. 이때는 이 위기를 어떻게 빠져나갈까 하는 것 이외에는 아무 생각이 없을 것이다. 이 상태가 바로 몰입이다.

몰입 상태에서는 마치 비상 상태처럼 자신을 초긴장 상태로 만든다. 모든 것을 잊고 오로지 한 가지 일에 집중한다. 그래서 잠재된 능력을 최대로 발휘하게 되는 것이다. 황 교수는 이런 지극한 몰입 상태에 이르면 몇 날이고 몇 주일이고 내내 그 생각만 하고, 그 생각과 함께 잠이 들었다가 그 생각과 함께 잠이 깬다고 말한다. 그리고 이런 몰입 상태에서는 문제해결과 관련된 새로운 아이디어가 끊임없이 떠오른다고 한다.

이런 몰입의 개념을 도입한 최적의 독서프로그램이 몰입독서다. 몰입독서는 말 그대로 몰입해서 책을 읽는 것이다. 무엇이든 몰입의 단계에 이르기까지 마중물을 붓는 인내의 시간이 요구된다. 몰입에 익숙한 아이들도 있지만 그렇지 못한 아이들은 더욱 많다. 몰입의 세계를 알지 못하는 아이들에게는 마중물의 원리를 통해 사전교육을 실시하였다.

아침 몰입독서를 통해 아이들이 얻을 수 있는 것은 무엇일까?

첫째, 독서를 즐기게 된다.

둘째, 사고하는 즐거움을 누리게 된다.

셋째, 자기주도적인 학습능력을 갖게 된다.

넷째, 가장 집중력이 좋은 시간에 소중한 간접경험을 하게 된다.

교사인 나도 책과 친한 사람은 아니었다. 하지만 뒤늦게 책 속에서 수많은 깨달음을 얻을 수 있었다.

요즘 한창 유행인 자기주도학습은 이런 독서습관으로부터 시작된 다 해도 과언이 아니다. 책에 몰입하여 간접적으로 세상을 경험하고 내 면을 가다듬을 수 있는 독서는 소중한 배움의 장이 된다.

처음에는 도란도란 웅성대는 소리가 오랫동안 들려왔다. 다들 온몸 이 근질근질한 모양이다. 하지만 담임선생님이 먼저 집중해서 책을 읽 는 모습이 눈에 들어오면 어쩔 수 없이 익숙지 않은 책과의 만남을 시 작한다. 어떤 아이는 8시에 와서 1교시가 시작되는 9시까지 흔들림 없 이 책하고만 대화를 나누기도 했다. 매일 1시간씩 아침 몰입독서를 한 다면 1년 후, 10년 후엔 엄청난 양의 독서를 하게 될 것이다.

다행히 아침 몰입독서가 조금씩 자리를 잡아가고 있다. 이 몰입독서 의 시간을 지키기 위해서 먼저 교사인 내가 일찍 출근해야 한다. 그리 고 본을 보여야 한다. 이 모든 것이 나에겐 도전이다. 하지만 나의 꿈, 아이들의 꿈을 향한 위대한 날갯짓을 시작했다는 생각에 온 마음이 설 렌다.

과연 우리 아이들도 이런 설렘을 느낄까? 아직은 미미한 그 날갯짓 이 어색하기만 하다. 마치 기러기의 날갯짓 같다. 기러기는 하늘로 날 아오르기 전 제자리 날갯짓을 반복해야만 한다. 매우 힘겨워 보인다. 과연 날 수 있을까 싶다. 그러나 이것은 짜릿한 비행을 위해 반드시 거 쳐야만 하는 필수 과정이다. 일종의 마중물 붓기인 셈이다. 얼마 지나지 않아 몸은 허공에 뜨고 아름다운 비행이 시작된다.

　우리 아이들은 아직 제자리 날갯짓 중이다. 나는 옆에서 최선을 다해 도울 생각이다. 언젠가 아이들의 작은 날갯짓이 세상을 바꾸는 위대한 날갯짓으로 성장하리라 믿는다.

위대한 사람들의
독서 이야기

아래 내용은 김정진의《독서불패》(자유로)를 참고하였으며, 첫째에서 넷째까지 책의 내용을 요약·재해석하였다.

어떤 일이든 '위기의 순간'이 있기 마련이다. 독서는 아무리 강조해도 지나치지 않다. 하지만 좋아했던 책이 어느 날 싫어진다든가, 책 내용이 통 눈에 들어오지 않는 순간들이 있다. 지속적으로 독서의 유익을 느끼도록 자극하지 않으면 그토록 뜨거웠던 독서의 열기도 한순간에 꺼진 불씨가 될 수 있다.

아이들도 마찬가지다.《독서천재가 된 홍대리1, 2》를 읽으면서 현재 나의 모습을 보는 듯 하였다. 홍대리는 100일 33권 독서, 전문서적 100권 독서, 1년 365권 독서까지 해냈던 사람이건만 그럼에도 피할 수 없는 독서 매너리즘이 있었다.

독서 매너리즘을 극복하고자 우리 반에서는 '몰입독서 명예의 전당'을 만들었다. 이를 통해 새로운 자세로 책 읽는 분위기를 연습할 수 있도록 하였다.

나 또한 30분 이상의 몰입독서를 성공할 때마다 자신에게 포인트를 부여했다. 일정 포인트가 쌓이면 스스로를 칭찬하고 격려하는 의미에서 좋아하는 커피를 사서 마시거나, 원하는 물건을 구입했다.

다음은 위대한 사람들의 독서 이야기다. 아이들을 지도하는 부모 그리고 혹시 독서 매너리즘에 시달리고 있을지 모를 아이들에게 독서 자극이 되었으면 한다.

첫째, 헬렌 켈러의 손가락 끝 독서

헬렌 켈러가 장애로 인해 절망의 심연에 빠져있었을 때, 그녀를 빛의 세계로 인도한 것은 독서였다(물론 설리번 선생님의 위대한 헌신이 있었기에 가능한 일이었다). 그녀는 점자가 닳아서 읽을 수 없을 정도가 될 때까지 반복해서 읽고 또 읽었다고 한다. 특히 자신처럼 눈이 보이지 않았던 호머의《일리아드》를 사랑했다. 가슴으로 읽어 내려간 책은 그녀의 애인과도 같았다.

둘째, 나폴레옹의 독서 상상력

나폴레옹은 전쟁터에서까지 손에서 책을 놓지 않았다고 한다. 그는 전쟁터에 1000권의 책을 싣고 갈 정도로 독서에 남다른 애정을 보였다.

나폴레옹은 근대 유럽의 상징이다. 유럽 연맹, 유럽 재판소, 유럽 화폐, 유럽 법전 등은 모두 나폴레옹의 독서상상력에서 비롯된 것이라고 한다. 치열하게 독서하면 틀림없이 위대한 업적을 남길 수 있다는 것을 잘 보여주고 있다.

셋째, 링컨의 책 사랑

링컨은 독학의 대명사이다. 정식 교육을 받지 않았음에도 독학으로 측량기사도 되고, 변호사도 되었다. 그는 《워싱턴전기》를 읽으며 조국에 대한 사랑과 충성심을 키웠다. 그리고 위대한 정치가로서의 꿈도 키웠다. 링컨의 독서는 양보다는 질이었다. 그는 특히 새벽에 2시간 몰입 성경읽기를 통해 내면의 저력을 쌓았다. 그는 이렇게 말했다.

"나는 계속 배우면서 나를 갖춰 간다. 언젠가는 하나님이 나에게 기회를 주실 것이다."

이런 확신 때문에 어떤 절망 속에서도 포기하지 않을 수 있었다. 특히 《톰 아저씨의 오막살이》는 그에게 노예해방의 불씨를 안겨준 책으로 유명하다.

책은 모든 사람에게 기회를 준다. 누구든 책의 능력을 내 것으로 하는 사람이 세상을 변화시킨다. 링컨이 그러하였다. 링컨은 스스로 '독서야말로 위대한 정신적 에너지의 근원'이라는 것을 증명해 보였다.

에디슨은 초등학교에 다닌 지 3달 만에 학교에서 쫓겨났다. 그러나 그의 어머니 낸시는 절망하지 않고 에디슨을 독서로 양육하였다. 그녀가 택한 방법은 책을 읽어주는 것이었다. 꾸준히 책을 읽어주었더니 에디슨은 갑자기 활기를 띄기 시작했다. 책 읽어주기가 에디슨의 두뇌에 활력을 불어넣었던 것이다.

어린 시절에 책을 읽어주는 것보다 더 유익한 것은 없는 것 같다. 자녀에게 매일 책을 읽어주면 아이는 그만큼 앞서 간다. 아이를 '안아주는 것' 다음으로 '소리 내어 책 읽어주는 것'이 가장 좋은 양육법이라고 한다.

많은 학자들은 초등학교 6학년 때까지는 아이들에게 책을 많이 읽어주라고 말한다. 그래서 나는 꾸준히 아이들에게 책을 읽어주고 있고, 앞으로도 계속 그럴 생각이다. 가정에서도 매일 일정한 시간에 책을 읽어주는 건 어떨까?

세종대왕을 통해 깨닫다

대부분의 아이들이 주초에 세종대왕 위인전 읽기를 끝마친 것 같다.

이번엔 나도 세종대왕 읽기에 동참했다. 책을 읽고 내가 배운 바를 정리해보았다. 이후 독후감 활동을 하게 될 아이들에게 조금이나마 도움이 될 것이다.

첫째, 끊임없이 읽어라

세종은 백독백습으로 유명하다. 백독백습은 100번 읽고 100번 쓴다는 뜻이다. 독서의 기본은 이렇게 반복해서 읽는 것이다. 세종은 병풍 뒤에서 발견한 책을 가죽 끈이 끊어질 정도로 읽었다. 이런 반복읽기를 통해 책 내용을 모두 익혔다.

'사람의 행동 중에서 가장 신뢰할 만한 모습이 있다면 그것은 아마 진지하게 책을 읽고 있는 모습일 것이다'라는 말이 있다. 그래서였을까? 조선의 왕위는 양녕대군이 아닌 충녕대군, 즉 세종에게 주어졌다. 우리 아이들도 독서를 통해 신뢰할 만한 사람으로 성장하기를 기대해 본다. 100번은 아니어도 위인전 2, 3회 반복읽기를 실천하면 좋겠다.

세종대왕의 백성사랑은 도대체 어디에서 나온 것일까?

천성이 본래 훌륭했는지 아니면 책을 통한 배움의 결과였는지 궁금했다. 그런데 세종이 《대학연의大學衍義》를 그 어떤 책보다 많이 반복해서 읽었다는 점을 생각해보면 후자에 가깝지 않을까 싶다.

《대학연의》에는 아홉 가지 임금의 덕목이 나온다. 그중에 여섯째가 '자서민子庶民'이다. '어리고 연약한 백성들을 자식처럼 사랑한다'는 뜻이다. 세종은 반복읽기를 통해 자서민의 가르침을 가슴 깊이 새겼을 것이다.

그는 천한 노비에게도 4개월의 산후휴가를 주는 것은 물론, 그 남편에게까지 특별 휴가를 주었다고 한다. 세종은 우리가 알던 왕들과는 달라도 너무 달랐다. 그 시대의 백성들은 얼마나 행복했을까? 현대판 세종대왕의 출현을 기대해본다.

둘째, 운명에 맞서 인생을 개척하라

세종은 왕이 될 수 있는 가능성이 거의 없었다. 첫째 형 양녕대군이 이미 세자였기 때문이다. 하지만 그는 운명에 굴복하지 않고 오히려 적극적으로 대처하였다. 열심히 책을 읽고 공부하였다. 공부를 하다 피곤해지면 각종 악기연주에 심취했다고 한다. 뿐만 아니라 화초 감상, 수

석 고르기 등에 이르기까지 여러 분야를 두루 섭렵하면서 삶을 풍요롭게 하였다. 때문에 예기치 못하고 왕위에 올랐을 때 준비된 왕으로서 영향력을 발휘할 수 있었다. 하늘은 스스로 돕는 자의 편이라는 사실을 다시금 배우게 된다.

환경은 동전의 양면과도 같다. 그러므로 눈에 보이는 단면만을 보면 안 된다. 보이지 않는 곳에 내가 미처 몰랐던 새로운 기회가 숨어 있을 수 있다. 환경은 어떻게 받아들이고, 해석하느냐에 따라 얼마든지 달라질 수 있다. 행복은 도전적으로 맞서서 개척하고 정복하는 자의 것이다.

셋째, 본성을 조절하라

양녕에게도 충녕 못지않은 능력과 자질이 있었을 것이다. 그러나 그는 자신의 본성대로 살았다. 결국 그는 생각하며 살기보다는 생각 당하며 살아야 했다. 감정의 노예처럼 살았던 것이다. 그는 헤아릴 수 없는 용서와 사랑을 아버지 태종으로부터 받았지만, 결국 그의 사랑을 헛되이 하고 말았다.

그러나 세종은 본성보다는 이성을 선택했다. 일찍이 배움의 기쁨을 깨달은 그는 끊임없이 자신을 되돌아보며 자기 계발했다. 결국 리딩으로 리드하는 위대한 왕이 될 수 있었다.

만약 양녕이 왕이 되었다면 조선은 더 일찍 역사의 버림을 받았을지 모른다. 인류사적 발명품인 한글도 빛을 보지 못했을 것이다. 그러나 다행히 역사는 충녕의 손을 들어주었다.

아이들의 내면에는 이런 양녕과 충녕, 두 자아가 함께 살고 있다고 생각한다. 누구나 무한대의 가능성을 지니고 있지만 문제는 양녕과 같은 기질을 어떻게 관리하고 다스리느냐다. 아이들의 허전함, 답답함, 피곤함, 고독을 이해해주는 것이 우선이다. 그리고 쾌락적 문화가 아닌 건전한 삶의 문화를 통해서도 얼마든지 재밌고 신나는 삶을 영위할 수 있음을 깨닫게 해줘야 한다.

다산처럼

훗날 이름을 알린 사람들의 공통점 중 하나는 책벌레였다는 것이다. 일일이 열거할 수 없을 정도로 많은 예가 있지만 그중 내가 말하고 싶은 사람은 다산 정약용이다. 우리의 역사 속에 이런 위인이 있었다는 것이 참 자랑스럽다.

다산은 누가 보더라도 유배지에서 비참한 세월을 보내다가 허무하게 생을 마감할 수밖에 없었다. 18년이나 계속된 귀양 생활 동안 그는 책읽기를 멈추지 않았다. 끊임없이 읽었고 읽은 내용을 정리하였다. 이 과정을 계속 반복했다. 그리고 그 과정은 곧 책이 되었다. 유배기간 동안 그는《목민심서》를 비롯한 500여 권이 넘는 주옥같은 저서를 남겼다.

다산은 유배지에서 아들에게 보내는 편지에 학문의 본질을 이렇게 언급하였다.

"폐족이 글을 읽지 않고 몸을 바르게 행하지 않는다면 어찌 사람 구실을 하겠느냐? 폐족이라 벼슬은 못하나 성인聖人이야 되지 못하겠느냐?"

그는 아들이 먼저 온전한 사람이 되기를 바랐다.

아이를 책을 좋아하도록 키우고자 하는 부모라면 의도가 순수해야 한다. 책읽기라는 활동 자체가 순수한 것이므로 사심이 앞서면 안 된다. 아이들의 행복과 즐거움을 바라는 순수한 마음으로 응원하는 것이 필요하다. 아이의 책읽기 습관을 통해 일류대 진학을 바랄 수도 있지만 그것은 부수적인 결과 정도로만 생각해야 한다. 아이들의 마음은 어른들의 그것보다 순수하고 예민해서 부모의 사심을 금세 알아차리기 때문이다.

다이애나 홍은 '세종처럼 읽고 다산처럼 쓰라'고 하였다. 여기에서 '처럼'은 어떤 기술적인 것이 아니다. 그들의 삶의 자세를 말한다. 다그치면서 억지로 읽게 해서는 세종처럼 다산처럼 될 수 없다. 양질의 흥미로운 도서목록을 준비해주고, 함께 읽기도 하면서 삶의 자세를 깨닫도록 도와야 한다.

우리 아이들은 매주 위인들과 만나고 있다. 그 만남은 사뭇 진지하다. 훌륭한 인품을 접해보고 그들의 삶의 자세를 배우고자 애쓰는 모습 자체가 위대해보일 정도다. 위인의 일대기를 읽고 배울 만한 점을 몸에 익히는 모습이 대견하다.

안창호의 꿈

이전에 나는 안창호 의사를 항일 운동가로서 교육 사업을 열심히 했던 사람으로만 알고 있었다. 안창호 위인전을 읽다가 마음에서 뭔가 꿈틀거리는 것이 느껴졌다. 인물에 관한 지식 자체는 그리 중요하지 않다. 위인전을 읽으며 얻은 지식이 아무리 많은들 실제 삶에 영향을 줄 수 없다면 무슨 소용이 있겠는가? 그래서 나는 아이들에게 머리로 읽을 것이 아니라 마음으로, 가슴으로 읽을 것을 강조했다.

노사연의 노래 '만남'의 가사처럼 한 위인의 일대기를 읽고 있는 것은 결코 우연이 아니다. 그러므로 위인전을 읽을 때 숙제를 해치우듯 하면 안 된다. 마지못해 읽기보다 나에게 주는 위인들의 메시지가 무엇인지 생각해야 한다. 운명적인 만남을 마주하듯 설레는 마음으로 읽어야 한다.

요즘 교생선생님들이 아침마다 아이들에게 《(어린이용) 꿈꾸는 다락 방》을 읽어주고 있다. VD기법에서 탁월한 것은 내가 꿈꾸는 인물을 직접 만나는 것이다. 현존하는 인물을 만나는 것은 가능하지만 저만치 역사 속으로 사라진 인물을 무슨 재주로 만날 수 있겠는가?

그러므로 위인전 읽기는 일종의 VD이다. 매주 한 명씩 만나는 위인 들과의 만남만으로도 우리 아이들은 탁월한 VD를 한 것이 된다. 그동 안 마음으로 읽은 아이들이라면 이미 위대한 인물이 될 수 있는 충분 한 자양분을 갖췄다고 생각한다.

안창호 의사는 조국의 독립을 온 마음으로 염원했던 사람이다. 그는 먼저 동포들의 마음을 얻고자 했다. 이를 위해 궂은일을 마다하지 않 았다. 그는 사람을 얻어가며 조직적으로 조국의 독립을 준비했다. 교육 사업에 전심전력하였고, 8개 임시정부로 나뉜 국론을 통합하고자 많은 노력을 기울였다.

과거엔 카리스마적 리더십이 인정을 받았다. 그러나 요즘은 카리스 마를 앞세워서는 절대로 군중을 움직일 수 없다. 앞으로 우리 아이들이 활약할 미래 사회는 더욱 섬김의 리더십이 강조될 것이다. 이런 점에서 안창호는 배울 점이 많다.

그의 호는 모두가 아는 것처럼 '도산島山'이다. 안창호는 미국으로 건 너갈 때 망망대해에 우뚝 서 있는 한 섬을 보았다. 수많은 사람들이 그 섬을 보며 연신 환호하고 기뻐하였다. 심지어 어떤 사람은 감격하기까 지 했다. 그는 우리 민족이 일제의 침략으로 인해 망망대해 같은 절망의 세월을 보내고 있다고 생각했다. 그리고 우리 민족에게 섬이라는 봉우리가 되어 새로운 꿈과 희망을 심어주겠다고 결심했다. 그래서 안창호의 호가 '도산'이 되었다.

이런 봉우리는 우리가 나아가야 할 목표가 된다.

누군가 이런 깃발을 흔들어 줄 수만 있다면 젖 먹던 힘까지 다해서 뛰어갈 수 있다. 하지만 그 어떤 깃발도 눈에 띄지 않는다면, 아무리 많은 능력을 지니고 있어도 절대 뛸 수 없다.

이처럼 리더는 하늘이 무너지고 바닥이 꺼지는 일이 있어도 나아갈 방향을 제시할 수 있어야 한다. 모든 일에 앞서 정확한 삶의 방향을 정하는 것은 매우 중요하다. 그러므로 공부 자체보다는 왜 공부해야 하고, 무엇을 위해 공부해야 하는지 알려주는 것에 주안점을 둬야 한다. 우리도 아이들의 도산임을 기억하자.

힐러리의 PDA

아이들에게 맞는 힐러리 책을 구하기가 꽤 어려웠다. 다행히 학부모들의 도움으로 해결할 수 있었다.

이번엔 아이들의 토론학습지에 담긴 이야기를 하려 한다. 힐러리만의 독특한 성공 스토리인데, 성공의 요소를 크게 P.D.A로 정리해보았다. 바로 Parents, Dream, Ability이다.

첫째, Parents(부모의 영향)

마음껏 꿈을 꿀 수 있도록 환경을 제공해준 어머니와 엄격한 아버지의 가르침이 지금의 힐러리를 만들었다. 힐러리의 어머니는 무엇이든 도전할 수 있도록 따뜻한 용기를 북돋았다. 아버지는 어떤 상황에서든 살아남을 수 있는 훈련관의 역할을 해주었다.

클린턴이 주유소에서 힐러리에게 이런 질문을 했다고 한다.

"만일 당신이 저 남자와 결혼했다면 지금 주유소 사장 부인이 되었겠지요?"

이 질문에 힐러리는 다음과 같이 대답했다고 한다.

"아니요, 저 남자가 대통령이 되어 있을 거예요."

이 일화를 통해 힐러리가 보통 여성이 아니었음을 알 수 있다. 어떤 아이는 이것을 '커다란 야망'이라고까지 표현하였다. 커다란 꿈이 있었다는 것이다. 남편을 대통령으로 만드는 것 그리고 자기 자신도 대통령이 될 수 있다는 큰 꿈이었다. 이 꿈은 즉흥적으로 만들어진 것이 아니다. 대학시절부터 영화대본처럼 세밀하고도 주제가 분명한 커리어플랜이 그녀에게 있었다. 그녀의 인생은 각본 있는 드라마였다.

꿈만 컸던 것이 아니라 그녀는 마음씨도 넓었다. 남편의 여러 실수를 용서하고 위로할 뿐 아니라 희망과 용기를 심어주었기 때문이다.

큰 꿈은 큰 결실을 맺는 법이다. 큰 꿈을 품을 때, 비로소 인생을 멀리 그리고 넓게 보게 된다. 작은 실수 하나로 그 사람 전체를 판단하기보다는 빅 픽처를 가지고 길게 멀리 바라보는 것이다.

셋째, Ability(실력)

웰즐리여자대학교는 당시 힐러리의 집에서 가깝지 않았다. 그래서 쉽지 않은 선택이었다. 하지만 그녀는 부모와 멀리 떨어져서 홀로 삶을 개척하는 것에 겁내지 않았다. 당당하게 첫걸음을 내딛었다. 이런 자신감은 어디서 온 것일까?

아무래도 꾸준한 독서를 통한 폭넓은 지식, 깊은 사색을 통한 자기 발견에 있지 않았나 싶다. 그것은 그녀의 독서성향을 보면 알 수 있다. 대부분 다른 친구들이 흥미위주의 독서를 즐기고 있을 때, 그녀는 깊이 있는 인문학 서적을 탐독했다. 책을 통해 진지하게 삶을 통찰하는 그녀만의 GPS가 있었다고 생각한다. 바로 이런 점들이 자신감으로 나타났을 것이다.

독서를 통해 얻은 지식으로 그녀는 대학시절부터 대중의 마음을 사로잡는 주장을 펼칠 수 있었고, 이는 그녀만의 강력한 힘이 되었다.

27명의 학부모와 상담을 하면서 자녀를 향한 부모의 많은 이야기를 듣게 되었다. 부모의 애틋한 사랑이 절절히 느껴졌다. 아이들은 앞으로 친구나 책으로부터 영향을 받겠지만, 가장 강력한 영향은 부모다. 링컨을 비롯한 수많은 위인들이 그러했다. 아직은 아이들이 부모를 가장 큰 안식처로 생각하고 있고, 부모의 따뜻한 관심과 사랑 덕분에 밝고 건강하게 성장하고 있다. 작은 스트레스와 갈등이 있을 수는 있지만 이것을 모두 감싸고도 남을 만한 부모의 무조건적이고도 절대적인 사랑이 있기에 아이들의 미래는 확실히 밝다.

요즘 입시로 대변되는 교육시스템, 저마다 바쁜 일상 등으로 사람 사이가 소원해졌다. 사회적으로 가정 붕괴, 학교 붕괴라는 말들이 빈번해졌다. 이로 인해 '멘붕멘털 붕괴'이라는 말도 유행하는 것 같다. 그러나 아직 희망은 있다. 절망을 말하기엔 너무 이르다. 우리 아이에 대해 절망을 말하는 것 또한 그렇다. 아직은 희망을 노래해야 할 때이다.

얼마 전에 '전화위복轉禍爲福'이라는 사자성어를 가르쳤다. 화禍를 겪더라도 그것이 계기가 되어 오히려 좋은 일이 생길 수 있다는 뜻이다. 화가 복이 되게끔 해주는 그 신비한 힘의 정체는 무엇일까? 나는 그것을 PDA 즉, Parents, Dream, Ability라고 생각한다. 먼저 부모의 역할이 중요하다. 부모의 사랑 속에서 큰 꿈을 꾸며 실력을 쌓은 아이는 위기를 겪더라도 항상 전화위복의 마음으로 위기를 극복할 것이다.

위대함을 論하는 아이들

《어떻게 문제를 풀 것인가?》(조지 폴리아 지음, 우정호 옮김)에서 폴리아 교수는 교사가 해야 할 일 중 가장 중요한 일이 '학생 돕기'라고 말한다.

아이들은 자라면서 수많은 문제를 만나게 된다. 그러나 그것을 일일이 곁에서 도와줄 수는 없다. 탈무드의 교훈처럼 고기를 잡아주지 않고, 잡는 방법을 가르쳐주는 것이 가장 현명하다. 토론은 아이들이 생각의 힘을 키워 스스로 문제를 해결하도록 도울 수 있는 좋은 교육방법이다.

토론은 그 어떤 게임보다 흥미진진하다. 이런 토론의 즐거움을 아는 아이는 토론이 기다려진다. 누가 시키지 않아도 즐겁게 준비한다. 토론을 통해 몰랐던 것을 알게 되는 것은 물론, 상대의 입장을 고려하는 폭넓은 생각을 한다. 뿐만 아니라 자기주도적인 학습력도 자리 잡게 된다.

여희숙 선생님의 《토론하는 교실》에 있는 글을 소개한다.

교실에서 아이들과 재미있게 토론을 하며 공부를 하다 보면 저절로 알게 되는 것이 있다. 토론의 주제와 관련된 지식을 스스로 찾아내고 읽어낸다는 것은 곧 독서 동기를 유발시키는 것이며, 이는 자연스럽게 아이들의 독서 습관으로 이어진다는 것이다. 또 아이들은 교사가 가르쳐준 방식이 아니라 자신의 방식대로 생각하고 표현하는 능력을 계발하게 되며, 비판적이고 창의적인 사고력은 덤으로 길러진다는 놀라운 사실도 발견하게 된다.

여희숙 선생님은 '더 많은 책과 참고 자료를 찾기 위해 시키지 않아도 도서관으로 달려가는 아이들을 보는 기쁨'에 대해 언급했다. 대체 그건 어떤 것일까? 토론 주제를 던져만 줘도 아이들의 눈에서 빛이 난다니, 그저 신기할 따름이다. 자녀를 이런 아이로 키우고 싶지 않은가?

박우현 박사의 《논리를 모르면 웃을 수도 없다》에 따르면 아무리 많은 책을 읽는다 해도 사고력을 키우지 못하는 독서는 영양가가 많이 떨어질 수밖에 없다. 책 한 권을 읽더라도 그 속에서 최대한 많은 것을 생각해낼 수 있는 방법이 필요하다. 독서토론은 이를 위한 최적의 사고력 향상 방법이다.

이에 그동안 위인전 읽기 프로젝트의 탐구보고서를 토론형태의 학습지로 바꾸고자 한다. 매주 1회 이상의 위인전 토론을 통해 주체적으로 사고하는 아이들의 멋진 모습을 기대해본다.

토론하는 교실 프로젝트는 아이들로 하여금 스스로 읽고, 깊이 생각하게 할 것이다. 말하기 싫어하고 독서력이 떨어지는 아이들에게 좋은 훈련이 되고, 글쓰기를 부담스러워하는 아이들에게도 즐겁고 뿌듯한 일이 될 것이다. 특히 위인전 토론은 의미가 있다. 위인전의 행간을 마음껏 탐구하면서 진정한 위대함이 무엇인지 깨닫기 때문이다.

위대한 생각이 사람을 위대하게 한다. 위대함을 논한다는 것 자체가 곧 위대함의 시작이다.

CHAPTER 5

거듭나는
교실

교사로서 내가 바라는 교실은

함께 꿈꾸며 서로의 꿈을 응원하고

꿈을 준비하고 이뤄가는 곳이다.

서로의 꿈을 생각만 해도 너무 행복해지는 곳.

경쟁하면서도 경쟁적이지 않고

단순히 좋은 점수를 얻기 위해 공부하는 곳이 아니라

꿈을 쌓는 '꿈의 교실'이다.

학교: 너와 내가 만나
우리가 되는 곳

《학교란 무엇인가?》(EBS 학교란 무엇인가 제작팀 엮음)라는 책을 스치듯 본 적이 있다. EBS 다큐를 통해 이미 많은 사람들이 알고 있는 내용이었다. 내용을 잠시 훑어보면서 왠지 아쉬움이 느껴졌다. 학교현장에 있는 자의 시각으로 짧게나마 이 질문을 다시 생각해봤다.

그동안 학교는 공교육의 울타리에서 보호 받으며 마치 절대적인 교육 코스인 양 사람들에게 각인되어 왔다. 하지만 최근 대안학교와 홈스쿨링으로 파격적인 교육에 도전하는 사람이 많아졌다.

얼마 전 모교에 갔다가 우연히 정시지원 학생을 만나게 되었다. 그는 검정고시로 모든 과정을 마친 후 대학문을 두드리는 중이라고 했다. 당당한 그의 모습이 무척 인상에 남았다.

《이우학교 이야기》(정광필 지음)를 통해서도 꽤 많은 수의 학부모가 공교육이라는 틀을 과감히 깨고 새롭고 도전적인 방식의 교육을 시도

한다는 것을 알 수 있었다. 저마다 예상치 못한 난관에 부딪히기도 하지만, 그 과정에서 새로운 돌파구를 찾아가는 듯하다.

학교란 무엇일까?

오늘도 아이들은 여느 때처럼 달콤한 아침잠을 뒤로하고 서둘러 등 굣길에 오른다. 아침밥은 먹었는지 모르겠다. 조금만 더 자고 싶을 텐데 그 무엇이 아이들의 발걸음을 이토록 학교로 향하게 하는 것일까? 일찍 등교해서 아침걷기달리기를 하는 아이가 있는가 하면, 부모의 성화에 못 이겨 힘겹게 발을 떼는 아이도 있다.

녹색어머니들은 누구를 위해 바쁜 시간을 쪼개서 허드렛일을 사양 않고 봉사하는 것일까?

비교적 일찍 등교한 아이들의 이야기 소리가 화기애애하다. 누군가 끊어주지 않으면 아이들의 이 즐거운 수다는 절대 멈추지 않을 것 같다. 선생님보다 일찍 교실에 온 아이들에게 이 아침 시간은 최고의 자유시간이다. 그러나 이 여유도 잠시뿐, 서둘러 알림장, 일기장, 각종 과제물, 신청서 등을 제출한다. 분위기를 안 깨려고 눈빛 인사만 건네기도 하고, 큰 목소리로 "안녕하세요" 눈치 없이 인사하는 아이도 있다. 분위기는 깨졌지만 친구의 활기찬 인사가 크게 거슬리지 않는다. 이내 자리에 앉아 책읽기를 시작하는 모습이 정말 멋지다.

아침 자습을 알리는 시종이 울린다. 드디어 본격적인 하루 일과가 시작된 것이다. 학급마다 특색 있는 아침자습 프로그램이 진행된다. 우리 반은 몰입독서다. 차별점이라면 담임인 나도 함께 책을 읽는다는 것이다. 이어서 5분 정도 책을 소리 내어 읽어준다.

언제나 복병은 있다. 출근하자마자 가장 먼저 컴퓨터 전원을 켜면 각종 메신저들이 쏟아지기 시작한다. 당일에 진행되는 여러 행사 안내, 업무 관련 협조들이 대부분이다. 아침부터 전화까지 여러 통 받고나면 벌써부터 피로감이 느껴진다. 분위기가 살짝 깨지는 듯하여 아이들에게 제일 미안하다. 시작부터 정신이 없다. 급한 공문이라도 있으면 더욱 그렇다. 27명의 아이들을 맡아 틈틈이 행정 업무까지 해내야 한다는 것은 꽤 부담이다.

하지만 과감하게 책을 편다. 내가 책 속으로 들어가야 아이들도 들어갈 수 있다는 것이 나의 생각이다. 덕분에 나도 악몽 같은 아침 시간의 분주함을 피해 갈 때가 많다. 나는 특이하게도 스탠딩 독서를 좋아한다. 물론 오랫동안 하면 힘들겠지만, 아침 20~30분 정도 몰입하기엔 오히려 스탠딩이 나은 것 같다. 이런 나를 따라하는 아이도 있다. 심지어 내가 읽고 있는 책을 어떻게 구했는지 그 어려운 책을 붙들고 씨름하는 아이도 있다. 아이들의 이런 순수함이 나를 웃게 한다.

아이들의 독서하는 모습은 한마디로 그림 같다. 절로 감탄이 흘러나온다. 굳이 "책 안 읽을래?" 하며 화를 내고, 감시하지 않아도 자율적으로 잘 운영되고 있다.

아버지가 중환자실에 계실 때는 한동안 이른 아침에 출근해서 병원을 들렀다가 9시 전에 학교로 돌아와야 했다. 이때도 아이들의 아침 몰입독서는 흔들림이 없었다. 이 모습을 본 동료 선생님은 그 비결이 무엇이냐고 물었다. 어떻게 한마디로 대답할 수 있겠는가? 그냥 씨익 웃었다. 물론 아침 몰입독서가 이렇게 안정적으로 자리 잡기까지는 많은 고민과 잔소리가 있었다. 심지어 몰래카메라를 찍겠다는 협박(?)도 했었다. 나는 이런 반복된 시행착오가 우리만의 안정된 시간을 만들어 냈다고 생각한다.

아직 정착 중인 활동도 있다. 정리맨 제도이다. 과거엔 청소당번이라는 것이 있었다. 하지만 요즘은 별도의 청소당번은 없는 게 대부분이다. 그래서인지 정리정돈이 안 되는 아이들이 많다. 정리정돈은 물리적인 행위 그 이상의 의미가 있다. 정리정돈은 우리의 마음 상태를 대변한다. 어수선하고 지저분한 환경에서는 절대 집중할 수 없다. 그래서 정리맨들은 쉬는 시간, 점심시간에 틈틈이 봉사한다. 그런데 아직은 시행착오 중이다. 최근에는 정리타임을 두어 함께 1분간 정리하기로 하였다. 정리정돈의 습관이 곧 정착되리라 기대한다.

아이들이 제일 좋아하는 교과는 무엇일까?

단연 체육이다. 친구들과 함께하는 신체활동을 통해 아이들은 무한한 행복을 느낀다. 어찌 보면 안타깝기도 하다. 좀 더 자유롭게 뛰어놀 수 있으면 좋으련만, 워낙 배워야 할 게 많아서 그럴 수 없다는 게 아쉽다. 그래서 쉬는 시간을 최대한 보장해주고, 체육이 없는 날엔 함께 산책을 다녀온다. 어찌나 좋아하는지, 행복해하는 아이들의 모습이 너무 보기 좋다. 저학년을 맡을 땐 산책 중에 '참참참'도 하고 '무궁화 꽃이 피었습니다'도 했다. '계단 가위바위보'도 아이들이 좋아하는 놀이 중 하나다.

행복은 함께 창조하는 것 같다. 교과담임을 하는 것보다 담임을 맡는 것이 좋은 이유는 아이들과 함께한다는 것에는 세상 그 어디에서도 얻을 수 없는 보람과 기쁨이 있기 때문이다. 함께할 때 그 속에서 '같이의 가치'를 배울 수 있는 곳, 너와 내가 만나 우리라는 이름으로 소중한 추억을 만들어가는 곳, 그곳이 학교가 아닐까?

아이가 행복한 교육을 위해

거듭 후회하는 삶은 어리석은 삶이라고 누군가 말했다. 오늘은 나의 이런 어리석음이 너무나 싫었다.

점심시간에 축구를 하다가 다른 반 친구가 공에 맞은 일이 있었다. 그런데 사과를 안 했는지 그 아이가 우리 반에 와서는 펑펑 울면서 억울함을 호소했다. 나도 모르게 화가 났다. 더욱 화가 났던 것은 사과할 수 있도록 기회를 주었음에도 그런 나의 배려가 무시당했다는 생각이 들어서다. 일종의 실망감과 허탈감이 강하게 밀려와 주체할 수 없었다. 참 오랜만에 '버럭이'가 되었다. 아이들은 아마 이런 나의 모습에 무척 놀랐을 것이다.

화를 내고 나면 나 자신이 가장 괴롭다. 더 이상 가르칠 의욕이 나지 않는다. '넌 교사로서 자격이 없어!'라고 누군가 비난하는 것 같다. 이런 나의 모습을 보건대 대한민국의 교육이 잘 이뤄지기 위해서는 교사들의 마음관리가 절실하다. 행복교육이 이뤄지기 위해서는 교육을 맡은 교사들이 먼저 행복해야 한다.

물론 사회적으로 교사들이 지탄의 대상이 되는 경우도 있다. 그럼에도 불구하고 진정 교육을 위한다면, 교사들이 먼저 신바람이 나야 한다. 교사들에게도 각성이 필요하다. 외부의 인정과 지원만 의존하기보다는 스스로 환경을 만들어야 한다.

그동안 얼마 안 되는 기간이지만 이렇게 해봤다. 스스로 존경 받을 만한 교사가 되고자 노력했다. 다양한 시도를 통해 교사로서 행복한 마음을 가질 수 있도록 애썼다.

결론은 이렇다. 학부모 앞에서 떳떳한 자신을 느낄 수 있었다. 더불어 좋은 평가도 받았고, 그 에너지가 다시 좋은 교육활동으로 이어졌다. 선순환이었다. 이 과정에서 기대 이상의 발전도 있었다.

그동안 환경 탓을 많이 했다. 하지만 그건 그리 중요한 것이 아니었다. 중요한 것은 교사 자신이다. 그가 서 있는 교단의 모습을 스스로 어떻게 가꿔나가느냐가 핵심이다. 무엇보다 자부심을 가져야 한다. 아이들의 인생에 지대한 영향력을 미칠 수 있는 자리에 있기 때문이다. 물론 이와 더불어 책임감도 느껴야겠다.

깨달음이 있는 교단

최근 허리통증이 지속되고 있다. 한의원에 갔더니 스트레스 때문이란다. 난 전혀 스트레스 안 받는다고 생각했는데, 사람 일은 모를 일이다. 나도 모르게 스트레스라는 녀석이 틈을 타다니. 어쩌면 너무 잘하고자 하는 마음의 욕심이 자족하지 못하게 하는지 모른다. 나의 잣대로만 아이들을 판단하고 요구했던 것은 아닌지 반성해본다.

오늘 몇몇 남자 아이들에게 묵언훈련을 시켰다. 이 훈련은 이름처럼 정해진 시간 동안 말을 하지 않는 것이다. 그동안 조용히 자기 자신을 돌아보도록 했다. 마음 같아선 더 큰 훈련을 주고도 싶을 정도로 얄미웠다. 하지만 곰곰이 생각해보니 내 책임이 크다.

아이들은 선생님의 시선을 느낀다. 선생님의 마음과 시선이 딴 데가 있으면 아이들은 그것을 기가 막히게 알아차린다. 그리고 그 틈을 이용해서 딴짓을 한다.

아이들이 미술활동을 하는 동안 밀린 공문서를 확인하고 서류를 정리하려 했다. 그런데 내 마음의 계획을 방해하는 아이들이 눈에 들어왔고 이를 응징한 것이다. 사실 책임을 물어야 할 사람은 바로 난데 말이다.

교사가 어떤 자세로 교단에 서야 하는지 다시 한번 깨달았다. 아이들과 있는 동안은 아이들에게만 온전히 마음을 쏟아야 한다. 이런 깨달음이 있는 매일이 행복하다. 아주 조금은 내가 성장한다고 느껴지기 때문이다. 교사되기를 참 잘했다.

엄지가 만든 변화

요즘 아이들은 자유로운 분위기 속에서 사랑을 듬뿍 받으며 자라서 그런지 억압적인 분위기를 힘들어하는 경우가 많다. 그렇다고 학교에서 아이들의 잘못된 행동에 대해 무조건 허용적일 수는 없다. 규율을 세우고자 할 때는 반발이 적지 않은 것이 사실이다.

그 사이에서 선생님들은 고민한다. 특히 식사지도가 그렇다. 사실 아이들에게 전적으로 자율권을 허락하는 것이 이상적이다. 하지만 그럴 경우 전혀 식사를 하지 않는 아이들과 심하게 편식을 하는 아이들이 발생한다. 성장기 아이들에게 적잖게 문제가 된다.

다년간 아이들의 식사지도를 해오면서 문제의식을 갖게 된 것이 있다.

'좀 더 민주적이면서 동시에 올바른 식습관도 심어줄 수 있는 방법은 없을까?'

식사시간만큼은 아이가 행복해야 하지 않을까 싶었다.

과거엔 아이들에게 먹을 만큼만 받아서, 되도록이면 음식을 남기지 않도록 했다. 이를 위해 음식물쓰레기 문제가 얼마나 심각한지에 대해서도 이야기해주었다. 하지만 그때뿐이었다. 식습관이 올바르지 않은 아이들은 여전히 개선의 기미가 보이지 않았다. 그래서 음식을 남기면 절대 안 되는 쪽으로 분위기를 몰아갔다. 그러나 아이들은 그걸 싫어했다. 강요당한다고 느낀 것이다.

그래서 고민 끝에 방법을 바꿨다. 가능한 한 식사에 대한 잔소리를 없앴다. "더 먹어라", "싹싹 긁어먹어라", "왜 국은 안 받았니? 얼른 가서 받아와라" 등의 말을 아예 없앴다. 대신 선한 경쟁을 하게 했다. 보통 식사를 마친 후 담임선생님에게 식판을 검사 받는데, 이때 4가지 사인을 주었다.

첫째, 쌍엄지

아주 깨끗하게 식판을 비운 아이들에게는 쌍엄지를 들어 보이며 마구 흔들어주었다. 약간의 오버 리액션을 곁들여서. 순간 아이의 표정이 밝아진다. 평소 보기 힘든 훈훈한 분위기가 연출된다. 아이의 표정과 교사의 쌍엄지 그리고 그것을 바라보는 주위 친구들의 시선이 하나로 결합되는 순간이 있다. 그 순간, 뭔가 주체할 수 없는 카타르시스가 느껴진다.

둘째, 엄지

대부분의 음식을 깨끗이 먹은 아이들에게도 엄지를 보여주었다. 쌍엄지만큼은 아니지만 엄지를 받은 아이의 표정이 밝다. 다음엔 꼭 쌍엄지를 받고야 말겠다는 아이의 다짐이 느껴진다. 노력하고자 하는 모습이 사랑스럽다.

셋째, 끄덕끄덕

열심히 먹은 아이들에게도 긍정을 표했다. 입에 맞지 않는 음식이 있어 다 먹지는 못했지만 나름 노력한 아이들이다. 이 아이들에겐 고개를 위아래로 흔들어주었다. 이 정도면 충분하다는 표현이다. 심리학적으로 고개를 위아래로 흔들어주면 긍정심이 생긴다는 이야기를 들었다. 그래서 음식을 남겨서 불안했던 마음이 해소된다. 이후로 식사시간이 부담스럽지 않다. 이 정도면 된다고 고개를 끄덕여주었기 때문에 아이들은 스트레스를 받지 않는다. 다만 게임 레벨을 올리고자 애쓰듯이 다음 스테이지를 기다린다.

넷째, 갸우뚱

음식의 대부분을 남기거나 열심히 먹지 않은 경우엔 고개를 갸우뚱하였다. 아닌 것은 아니라고 시각적으로 분명하게 보여줬다. 아이들이 마음을 불편해해도 그뿐이다. 아이들 말로 '쿨'하다. 다시 먹어라 등의 주문은 일체 없다. 아이들이 잘 따라준 덕분에 거의 없는 경우다.

이렇게 4단계 평가를 해주었다. 그랬더니 놀라운 일이 벌어졌다. 매번 잔소리를 해도 꿈쩍 않던 아이들의 식습관이 단 며칠 만에 달라졌다. 아이들의 일기장이나 두 줄 깨달음에는 선생님께 엄지를 받았다는 것에 대한 자부심이 대단했다.

엄지를 치켜세워주는 것은 최고의 칭찬이다. 그래서 효과가 있었나 보다. '칭찬은 고래도 춤추게 한다'는 말이 맞았다. 아이들은 엄지를 받기 위해 평소 손도 안 대던 김치를 먹기도 했고, 지저분하게 마무리했던 식판은 아주 깨끗하게 비워졌다.

교사는 잔소리하지 않아 좋고, 아이들은 스트레스 받지 않아 편했다. 허용적인 분위기 속에서 엄지를 받고자 하는 선의의 노력이 잇달았다. 아이들도 자기 수준에서 최선을 다하고 있었다. 아이들은 자신을 시험하고 새로운 도전을 하였다. 멋졌다. 흐뭇했다. 성취감을 느낀 아이들은 자존감도 높아졌다.

나는 교사로서 식사지도에 경쟁의 원리를 도입했을 뿐이다. 경쟁이 다 나쁜 것은 아니다. 선의의 경쟁도 있다. 엄지를 받을 수도 있고 굳이 안 받을 수도 있는 선택의 자유가 주어졌다는 것도 의미가 있다. 하지만 아이들은 망가지는 쪽을 선택하지 않았다. 아이들에겐 저마다 잘해 보고 싶은 열의가 있다. 억압하지 않으면서도 최선을 선택하도록 이끌어주는 방법은 아이들의 열의에 달렸다.

생각하는 수업

'한일교육문화교류'라는 이름하에 일본 츠쿠바대학교의 마사미 교수님과 일본 삿포르 혹고 초등학교 스에하라 선생님, 그리고 서울교대 교수님 한 분이 본교를 방문했다. 서이초등학교에서 가장 수업태도가 좋다는 것을 누가 알았는지 우리 반에서 일본 현직 선생님의 공개 수학 수업을 하게 됐다.

수업주제는 '생각하는 수학'이고, 목표는 '평면도형의 둘레의 길이와 넓이의 관계 생각하기'였다. 외국의 초등학교 선생님이 수업하는 것도 흥미로웠지만 그 수업을 한국말로 한다는 것이 더 신기했다. 선생님의 한국말이 서툴기 때문에 아이들이 선생님의 말을 새겨듣고자 애쓰는 모습이 눈에 보였다. 듣는 이를 배려하고자 차근차근 또박또박 발표하는 모습도 매우 인상적이었다.

도입 부분에서는 긴 리본을 둥글게 연결한 후 아이들에게 이런저런 다양한 도형을 만들어보게 하였다. 몇몇 아이들이 나와서 협력하여 사다리꼴, 평행사변형, 마름모, 직사각형, 정사각형을 만들었다. 선생님은 단지 흐뭇하게 지켜볼 뿐이었다.

생각하는 수학 수업이었기 때문일까? 선생님은 거듭 손가락을 머리에 갖다대며 생각해보도록 유도했다. 때로는 자신의 부족한 한국어 실력을 인정하고 겸손하게 도움을 요청하기도 했다. 서툰 한국어로도 저렇게 수업을 진행할 수 있다는 것이 참으로 놀라웠다.

수업 분위기는 무척 활기찼다. 아이들의 발표력, 적극적인 수업태도가 단연 돋보였다. 친구들과 토의를 할 때 서로 경어를 쓰며 협력하는 모습이 수업자가 아닌 참관자로서 인상 깊었다.

"20cm의 줄로 직사각형도 만들 수 있고, 정사각형도 만들 수 있습니다. 그럼 어느 사각형의 넓이가 더 넓다고 생각하십니까?"

라는 선생님의 질문에 아이들의 생각은 이랬다. 직사각형이 넓다 2명, 정사각형이 넓다 1명, 넓이가 같다 23명, 모르겠다 1명.

무척 흥미로운 결과였다. 이렇게 생각하게 된 이유가 저마다 있을 텐데 그게 궁금했다. 아니나 다를까 선생님은 아이들에게 이유를 말해보도록 했다. "보기에 직사각형이 더 넓어요(직관적 유추)", "같은 길이의 줄로 만들었으니 면적도 같다고 생각해요(분석적 유추)" 등, 조금 어려운 질문이었지만 나름대로 이유를 말하는 것이 대견했다.

아직은 생각하는 것에 익숙지 않아서 깊이 있는 의견이 나오지 않았다. 하지만 '아이들로 하여금 계속 생각해보도록 하는 수업'이 좋은 수업임을 분명히 느낄 수 있었다. 앞으로 수업을 어떻게 하면 좋겠다는 한 가지 분명한 깨달음을 얻었다.

문용린 前 서울시교육감은 MBC 이코노미 뉴스 인터뷰에서 이렇게 말했다.

"저는 이제 우리 교육의 패러다임이 집어넣는 교육에서 끄집어내는 교육으로 전환해야 한다고 생각합니다. 즉, Teaching에서 Learning으로, Learning에서 Thinking으로 교육의 패러다임이 바뀌어야 합니다."

수업협의회 질의응답 시간에 나는 이렇게 질문했다.
"이런 생각수업의 효과에 대한 통계자료가 있는지요?"
그랬더니 선생님은 통계자료를 보여주면서 생각수업을 2년 진행한 결과, 뚜렷한 수학성취도 향상이 나타났고, 더 흥미로운 것은 수학과목에서만이 아니라 다른 모든 과목에서조차도 성취도 향상이 이뤄졌다고 답했다.

아이들은 이렇게 묻기를 잘한다.
"선생님! 저는 앞으로 조련사가 될 건데요. 저에게 수학이 필요한가요? 어디에 필요하죠?"
"선생님, 저는 꿈이 운동선수인데 수학을 배워서 뭐하나요?"
나는 한때 이런 질문에 제대로 된 답변을 할 수 없었다. 솔직히 대학에 가야 하니까 어쩔 수 없이 해야 한다고 생각했었다. 그러나 이 기회를 통해 분명한 답변 자료를 얻게 되었다. 아이들에게 수학이라는 과목 자체가 생각을 필요로 하는 과목이고, 생각하는 힘을 기를 수 있다고 답할 것이다.

수학만큼 논리적인 사고를 요하는 과목도 없을 것이다. 수학적 사고력은 곧 삶의 모든 분야에 적용될 수 있는 힘이기도 하다. 그래서 대학수학능력검정시험에서도 비중 있게 다뤄지는 것이라고 생각한다.

물론 생각만이 능사는 아니다. 학습을 주도하는 것은 생각이지만, 훈련에 의해 완성된다고 생각한다. 나는 특이하게도 훈련을 통해 학습에 대한 자신감을 갖게 되었고 그 자신감으로 생각하는 힘도 기를 수 있었다. 생각과 훈련은 바늘과 실처럼 함께할 때 제 힘을 발휘하는 것 같다.

끙끙훈련

아이들에게 '끙끙훈련'을 예고한 바 있다. 이 훈련은 매우 단순하다. 인내심을 가지고 많은 문제를 스스로 '끙끙'대면서 풀어보고, 채점을 통해 자신의 수준을 확인하는 것이다.

끙끙훈련에 대해 이렇게 설명하면 너무 뻔한 것 아니냐고 반문한다. 그렇게 생각해도 어쩔 수 없다. 뻔하다고 생각하는 것과 그것을 실천하는 것은 또 별개의 것이니까. 이후 서로 도움을 주고받으면서, 서로의 수학적 수준을 끌어올리는 협력학습도 진행할 생각이다. 먼저 나의 경험담을 말할까 한다.

중학교 시절 가장 기억에 남고, 나의 학습력 향상에 큰 기여를 했던 것이 바로 '수학특공대훈련'이었다. 지역수학경시대회에 참가하기 위해 학교에서 학생들을 자체 선발하여 훈련하는 코스였다. 일명 학교드

림팀이었다. 총 450명 중에서 10명이 최종 선발되었다. 나는 운 좋게도 이 팀에 합류하였다.

지도 선생님은 장교출신으로 카리스마가 있지만 은근 우리와 통하는 멋진 선생님이셨다. 또한 내가 진로를 결정할 때 큰 영향을 주신 분이기도 하다. 선생님과의 첫 만남은 중학교 2학년 때였다.

"예습해 온 사람 있나?"

잠시 정적이 흘렀다. 아무리 수학이 주지교과라지만 당시 예습해 오는 분위기는 아니었다. 선생님께서는 짧지만 단호하게 운동장으로 집합하라고 하셨다.

잠시 우왕좌왕했지만 순식간에 집합하는 것을 보니 선생님이 정말 무섭긴 했나보다. 단체기합이 끝나고 나를 포함한 반 전체는 기합이 바짝 들어 있었다. 눈빛이 달라졌다.

어쨌든 우리는 이처럼 규율이 분명하신 선생님으로부터 수학특공 대훈련을 받게 된 것이다. 일명 '수특련' 팀은 시작도 하기 전에 1차 군대회 시험에 나가게 되었다. 성적은 22개 학교 중 9위였다. 전년보다 성적이 좋지 않아 이후로 진짜 특훈이 시작되었다.

선생님께서는 외국 수학문제까지 준비해서 풀고 또 풀고를 반복하게 하셨다. 어떤 문제는 너무 어려워서 손도 댈 수 없을 지경이었다. 아무리 설명을 들어도 이해되지 않았다.

나는 이렇게 해서는 안 되겠다는 판단 하에 독서실에 다니기로 결정하였다. 오후에 받은 훈련 이후엔 반드시 독서실에서 복습을 하였다. 이해 안 되는 문제 하나를 놓고 1시간을 끙끙대기도 하였다. 비록 해결하지 못한 문제들도 많았지만 혼자서 끙끙대던 그 시간이 사고력 향상에 많은 도움이 되었다.

이후 우리 학교는 2차 군대회에서 3위라는 주목할 만한 결과를 얻었다. 뿐만 아니라 3차 군대회 2위, 최종대회 1위라는 믿을 수 없는 성과로 주위를 놀라게 했다.

남은 건 도대회였다. 총 5명이 참여하는 여름방학 수특련이 시작되었다.

여름방학 수특련의 일정은 이렇다. 오전엔 100분 시험지 풀기, 20분 채점 및 설명, 또 100분 시험지 풀기, 20분 채점 및 설명. 점심식사는 간단히 짜장면으로. 오후엔 또다시 100분 시험지 풀이와 20분 채점 및 설명을 들었다.

그러니까 날마다 300분 동안 문제와의 씨름을 했던 것이다. 선생님의 간단한 풀이와 설명이 있었지만 대부분 혼자서 문제와 씨름했다. 300분 동안 푼 문제는 90개 정도였고, 모두 주관식 혹은 서술식이었다. 이것을 30일 동안 꾸준히 했으니 총 2700문제를 푼 셈이다. 뿐만 아니라 특훈이 끝난 후엔 독서실에서 복습을 하였다.

아는 문제는 아는 것이라 신났고, 아리송한 문제는 곧 풀릴 것이라는 기대감으로 신났으며, 모르는 문제는 나의 약점을 보완하게 되었다는 생각에 신났다. 생각하고 또 생각하면서 문제와의 일대일 독대(獨對)의 시간이 주는 묘한 행복감이 있었다. 이런 집중적인 특훈은 나에게 수학에 대한 자신감을 주었다. 계속 반복하다 보니 문제의 유형들이 보였고, 그렇지 않은 것도 이리저리 궁리하다 보면 결국 실마리가 풀린다는 걸 알았다.

결과적으로 우리 학교는 도대회에서 5명 모두 최상위권에 입상하였다. 순위와 무관하게 나로서는 이 훈련이 정말 값졌다. 지나고 보니 이때 나의 수학적 사고력이 크게 향상되었던 것 같다. 고등학교에 진학한 이후에도 수학만큼은 누구보다 자신 있었다. 아무리 어려운 문제를 만난다 해도 당황치 않고 생각을 거듭하면서 결국 문제를 해결해냈다.

내가 배운 소중한 한 가지는 학습은 훈련이라는 것이다. 누군가의 도움도 물론 필요하겠지만 스스로 자신을 훈련하다 보면 생각지 못한 놀라운 성장을 이루는 것 같다. 머리가 안 좋다는 생각을 늘 하던 내가 부정적인 생각을 극복하게 된 계기는 바로 자기 훈련이었다.

다양한 체험이
아이를 바꾼다

초등학교에서 수련회는 아이들이 가장 기다리는 행사 중 하나다. 대개 2박 3일 동안 자연 속에서 다양한 체험을 하면서 몸과 마음을 훈련한다. 다음은 최근에 다녀온 4학년 수련회 이야기다.

수련회 장소는 차로 40~50분이면 닿는 거리였기 때문에 너무 가까운 것은 아닌지 걱정도 했었다. 가급적 서울에서 많이 벗어나 자연 속으로 갔으면 했다.

걱정과 달리 수련회 장소는 그야말로 '자연나라'였다. 테마공원 같기도 하고, 생태체험장이나 수목원 같기도 했다. 채소정원에 가보니 평소 삼겹살 먹을 때 봤던 각종 채소들이 이름표를 달고 있었다. 땅콩을 까먹어만 봤지 땅콩 잎, 땅콩 꽃은 처음 봤다. 지나가는 길목마다 각종 꽃과 체험장들이 즐비했다.

처음 도착하여 아이들의 입에서 나온 말은 "벌레가 너무 많아요"였다. 구불구불한 길을 따라 산속 깊이 들어왔기 때문에 벌레 없는 수련회는 기대하기 어려웠다. 당시 살인 진드기 파동으로 나도 예민했었기 때문에 괜히 더 신경이 쓰였다. 다행히 사람을 무는 벌레는 눈에 띄지 않았다.

첫 식사를 하면서 내가 느낀 것은 아이들의 편식이 심하다는 것이다. 반찬 종류만도 족히 10가지는 되었다. 자율배식이었기 때문에 아이들의 식습관을 한눈에 알아볼 수 있었다. 조금씩이라도 7가지 이상 받아간 아이는 4학년에서 단 2명뿐이었다. 대부분 입에 맞는 반찬 두세 가지만 먹었다. 물론 나물과 채소 종류가 많은 편이긴 했지만 그래도 안타까웠다.

그럼에도 불구하고 아이들의 식사 만족도는 최고였다. 자신이 원하는 반찬을 골라 먹을 수 있게 하자 만족도가 올랐다. 무엇이든 원하는 것을 선택하게 했을 때 스스로 책임지는 모습으로 보였다. 학교와 가정에서는 아이들에게 충분한 선택권을 주고, 스스로 올바른 선택을 할 수 있도록 분별력과 책임감을 심어주어야 하겠다. 이후에 아이들의 삶의 만족도 또한 높아질 것이다.

수련회 기간 정말 많은 체험을 했다. 숲속 길 산책, 짚라인, 활쏘기, 풋살, 튜브썰매, 빛체험, 모듬북, 레크리에이션, 캠프파이어 등이 있었다. 아이들에게 가장 재미있었던 체험을 물었더니 많은 아이들이 짚라

인과 캠프파이어를 꼽았다.

이렇게 수련회 활동이 재미있었던 것은 무엇보다 친구들과 함께했기 때문이다. 4학년 때부터 아이들에게 동료집단은 매우 중요하다. 아이들은 친구들과 함께할 수 있다는 사실이 그저 즐겁다. 고학년은 다양한 사람들과 어울리면서 자기만의 세계를 만들어가는 시점이다. 아이의 자존감과도 연결되므로 소중하게 여겨줘야 한다. 수련회가 뭐 대단한 것이라고, 아파서 못 올 뻔했던 한 아이도 집에서 쉬다가 늦은 저녁 시간에 합류하기도 했다.

나는 수련회 기간 사제동행하며 함께 체험활동을 했다. 활쏘기를 할 때 생각보다 힘과 요령이 많이 필요했다. 활시위를 많이 당겨야 했고, 활의 각도도 생각해야 했다. 아이들도 생각보다 어렵다는 표정이었다. 그래서였을까? 갑자기 아이들은 선생님들의 시범을 요구하였다. 내가 텐텐(10점을 두 번 연속으로 쏘는 것)을 쏘자 난리가 났다. 마치 올림픽 영웅이라도 탄생한 것처럼 환호해주었다. 사실은 아이들이 오기 전에 수많은 활쏘기 연습을 한 후였기에 가능했다.

튜브썰매도 좋았다. 튜브썰매는 친구들이 밀어줘야 가능하다. 덕분에 아이들은 뒤에서 나를 밀어주는 친구의 소중함도 알았다. 앞서거니 뒤서거니 경쟁하는 것도 즐거웠다.

마지막 날 아이들은 이렇게 말했다.

"선생님! 저 이곳에 또 오고 싶어요! 또 오면 안 돼요?"

첫 수련회였는데 좋은 추억으로 아이들의 기억 속에 남은 것 같아 참 다행이다.

교관들도 매우 친절하고 성실했다. 처음엔 무섭고, 엄격하고, 차갑다고 말하는 아이들도 있었지만 점점 친해졌고 떠날 시점에는 매우 아쉬워했다.

"교관이라고 부르면 교관처럼 대하겠다. 하지만 선생님이라고 불러주면 선생님처럼 인자하게 대하겠다"는 한 교관의 말이 마음에 남는다. 누구를 어떻게 불러주느냐가 참 중요한 것 같다. '아이언맨샘'으로 불렸던 교관은 아직도 아이들의 입에서 오르내리고 있다. 이걸 보면 아이들은 누구에게나 열린 마음이다.

'아이의 사생활 5부작' 다큐에는 다중지능에 대해 언급한 부분이 있다. 다중지능의 결론은 '많은 경험과 체험'이었다. 그래서 학교에서도 가족체험학습을 수업일 수에 포함시키고 있다. 나도 수련회가 끝난 후 바로 다음날 1박 2일 가족캠핑을 다녀왔다. 아이들에게는 첫 캠핑이었다. 늘 생각만 하다가 《실행이 답이다!》라는 이민규 교수의 책을 읽고 즉시 실행에 옮겼다. 텐트 안에서 행복해했던 아이들의 모습이 생생하다.

앞으로 아이들이 넘어야 할 수많은 고개들이 있다. 모든 것을 부모가 안고 갈 수는 없다. 물고기를 잡아주기보다는 물고기 잡는 법을 가르쳐준 탈무드 이야기처럼 아이들이 여러 활동 속에서 스스로 많은 것을 느끼고 생각하여 의젓하게 성장할 수 있길 바란다.

꿈의 교실

교사로서 내가 바라는 교실은 함께 꿈꾸며 서로의 꿈을 응원하고, 꿈을 준비하고 이뤄가는 곳이다. 서로의 꿈을 생각만 해도 너무 행복해지는 곳, 경쟁하면서도 경쟁적이지 않고 서로를 귀하게 여기며 소중한 추억을 쌓는 곳이다. 단순히 좋은 점수를 얻기 위해 공부하는 곳이 아니라, 꿈을 쌓는 '꿈의 교실'이다.

그런 교실이 어디 있겠냐고, 꿈같은 이야기라고 고개를 젓는 사람도 있을지 모르겠다. 하지만 어디까지나 나의 꿈이다. 누가 뭐래도 이 꿈이 현실이 되었으면 한다. 그동안 아이들의 모습 속에서 이런 나의 꿈이 조금씩 현실이 되고 있음을 알 수 있었다.

첫째, 활기 넘치는 아이들

평소 수업이든, 공개수업이든 이보다 더 왕성할 수는 없다.

원래 적극적인 아이들인지 아니면 적극적으로 바뀐 것인지 잘 모르겠다. 가끔은 생각하고 손을 드는 것인지 아니면 일단 손을 들고 보는 것인지 구분이 안 될 정도로 아이들의 발표 열기는 대단하다. 너무 발표를 안 해도 고민스럽지만 때마다 너무 손을 많이 들어도 고민이다. 어쩔 수 없이 몇몇 아이들에게 발표 기회가 주어지는데 혹시 더러 서운해 할 수도 있어서 그 점을 이해해달라고 아이들에게 부탁했다.

위인전 읽기에 대한 독후활동으로 모둠별 스토리릴레이(줄임말로 '스릴'이라고도 부름)를 하고 있다. 누가 많은 것을 이야기하는가 보다는 모둠별로 협력해서 위인에 대해 많은 표현을 만들어내는가에 초점을 둔다. 그래서인지 소극적인 몇몇 아이들도 자신감을 갖는다. 어찌하든 자기 몫을 다 하고자 노력하는 것이다. 적당히 경쟁도 되면서, 한 사람도 빠짐없이 친구들 앞에서 이야기해야 하기 때문에 발표력 향상에도 많은 도움이 된다.

단위 수업시간 동안 한 번밖에 발표해 본 경험이 없었던 아이가 드디어 2번 발표하게 되었다며 크게 기뻐하는 것을 보았다. 자기도 모르게 발표에 대한 두려움을 극복하고 새로운 도전을 하게 된 것이다. 아이는 이때 얻은 자신감을 자신의 꿈통장에 꿈 재료로 입꿈하기도 하였다. 이처럼 성장하는 아이들의 모습을 직접 볼 수 있다는 것은 교사로서 여간 기쁜 일이 아니다.

둘째, 친밀한 아이들

나는 수업 중에 아이들이 어떤 말을 해도 무시하지 않으려 노력한다. 잘 들어주고 긍정적으로 반응해주고자 한다. 그래서인지 아이들은 무엇이든 말한다. 상대를 향한 열렬한 관심과 친밀함을 보여준다. 작은 농담 하나에도 잘 웃어준다. 꼭 발표가 아니더라도 자신의 생각과 느낌을 잘 표현한다. 이런 아이들의 모습은 학급의 상태를 말해준다.

그래서 한 교생선생님은 이렇게 말했다.

"세상에 이런 학생들이, 이런 학급이 존재한다는 것에 정말 감격스러울 정도였어요."

다른 교생선생님도 우리 반을 다음과 같이 칭찬하였다.

"저는 항상 독일 교육을 바람직한 이상향으로 생각했습니다. 그 나라 교실은 모든 것이 살아있는 느낌이었고 아이들이 너무나 행복한 공간이었기 때문입니다. 독일 교육이 답일 거라 생각하고 있던 제게 선생님은 희망을 주셨고 제가 항상 꿈꿔오던 교실의 모습을 현실로 보여주셨습니다."

매일 악수를 하고, 눈을 맞춰서일까? 책을 읽어주면서 공감하는 요소가 많아서일까? 아니면 본래 감춰졌던 아이들의 모습들이 때가 되어 발현되고 있는 것일까?

이유가 무엇이든 담임으로서 아이들에게 고맙다. 특히 고맙게 생각하는 것은 아이들이 내 이야기에 귀를 기울여준다는 것이다. 내가 들려주는 옛날이야기를 가장 좋아하는 것 같다. 아이들과 세대차이가 많은 것이 사실이다. 그래서 교사인 내가 교실에서 소외감을 느낄 수도 있지만 항상 선생님을 주목해주고, 작은 이벤트조차도 환영해주는 아름다운 열린 마음이 나를 신나게 한다.

셋째, 솔직한 아이들

또 한 가지 고마운 것은 아이들을 통해 나의 장단점을 깨닫게 된다는 것이다. 가족 간에도 친밀하게 지내다 보면 그 속에서 나의 진정한 모습이 드러나는 것처럼 말이다. 아이들은 솔직하다. 과장하고 포장하는 것에 익숙하지 않다. 그래서 때로는 당황스럽기도 하지만 인정하지 않을 수 없다.

우리 반에서는 내가 "하나, 둘, 셋!" 하고 "쉿!" 하면 선생님을 주목하는 규칙이 있다. 특별히 주의집중을 잘 해줄 경우에는 하이파이브로 답례를 한다. 상점을 주는 상호간의 약속이다. 그런데 주로 앞에 앉아있는 아이들에게만 상점을 줬던 모양이다. 때문에 서운했던 아이들도 있었던 것 같다. 이런 마음의 고백을 적은 쪽지를 받고는 낯이 뜨거웠다. 정말 미안했다. 물론 고의적인 것은 아니었지만 선생님이라는 이유만으로 다시 일방 통행했던 게 부끄러웠다.

한편으로는 이런 내 모습을 솔직히 인정하지 않고 그럴싸하게 변명하면서 권위적으로 넘어가고자 하는 마음이 있었다. 한참을 망설이다가 나도 사과의 쪽지를 건넸다. 정말 쉽지 않았다. 하지만 일단 인정을 하고 나니 다음 단계로 넘어가는 것은 그리 어렵지 않았다. 다행히 아이는 예전의 모습을 되찾았다.

이런 나의 부족한 모습을 통해서도 아이들이 배우는 바가 있었을 것이다. 그렇게 믿고 싶다. 앞으로 내가 먼저 부족함을 인정하고 이해를 구하는 겸손한 선생님이 되려 한다. 밤이 익을수록 자기 속내를 터놓고 보여주듯 나도 아이들에게 솔직한 선생님이 되어야겠다.

여름 이야기

본격적인 여름 더위가 시작된 가운데 온 나라가 전력수급난으로 시끌시끌하다. 학교에서는 지난주부터 에어컨 가동을 시작했다. 하지만 국가적 전력난을 감안해서 학교에서도 규정 온도를 준수하면서 선풍기를 최대한 활용하고 있다.

학교에서는 내가 가장 먼저 출근하는 편이다. 아직 해가 본격적으로 고개를 내민 것도 아닌데 교실은 이미 사우나처럼 후덥지근하다. 먼저 복도 창문을 열고, 교실 창문까지 열어놓는다. 그러자 제법 상쾌하고 시원한 바람이 이마에 맺힌 땀을 식힌다. 하루의 시작을 알리는 기분 좋은 바람이다. 얼마 안 되어 교실의 답답했던 공기는 순식간에 줄행랑친다. 곧이어 신선한 공기가 그 자리를 대신한다. 어릴 적 시골 정자에 누워 피서하던 느낌이다.

컴퓨터 전원을 켜고 커피 한 잔을 하다 보면 부지런한 아이들이 한

두 명 나타나기 시작한다. "책 읽어요" 하는 말 한마디 없어도 저마다 마중물을 부으며 책 속으로 들어간다. 독서 삼매경이 따로 없다. 아직도 몰입독서가 몸에 익숙지 않은 아이들도 더러 있지만 책을 읽으려 노력한다. 이렇게 우리의 공식적인 하루는 시작된다.

그런데 지난주는 나도 아이들도 참 힘들었다. 수련회를 다녀왔고, 연휴를 보낸 후여서 마치 방학을 마치고 개학한 기분이 되었다. '감'을 잃었다는 표현이 맞을까? 피차 적응하는 시간이 필요했다. 하지만 성취도 평가를 위해 진도를 바삐 나가야 하는 상황이었기 때문에 내가 너무 앞만 보고 달린 것 같다. 그러자 아이들은 집중하지 못해서 확인질문을 해도 대답이 없거나 웅성웅성 떠들기도 했다. 나도 힘들었는지 평소에 하지도 않던 잔소리를 늘어놓기에 이르렀다. 효과 없는 줄 뻔히 알면서도 말이다. 사실 날씨가 많이 더워지면 아이들의 이런 모습들이 적지 않게 눈에 띈다. 게다가 시험까지 앞두고 있으니 아이들의 마음이 얼마나 불편했겠는가?

다행히 둘째 날은 내가 의도하는 대로 수업이 잘 이뤄졌다. 잔소리의 효과일까? 아이들이 나를 많이 배려해준 것이라고 생각한다. 무너져가던 우리 반의 분위기가 살아나고 질서가 잡히고 생기가 돌기 시작했다. 재미있는 수업은 아니었지만 아이들의 입가에 미소가 살아나고, 가끔 한바탕 웃어 재껴주는 그런 센스쟁이들이 하나둘 나타나기 시작하니 매우 고마웠다. 수업시간을 꽉 채울 듯 엄격하게 교과 내용만을 다룬다면 학교생활이 참 힘들 것 같다. 하지만 다행히도 교과서의 1차시 분량은 집중해서 20분 정도면 대부분 끝마칠 수 있다. 그래서 나머지 시간에 선생님의 경험담, 세상 이야기, 각종 계기교육, 5분 독서, 책 읽어주기 등이 가능하다.

더위를 날려버리는 것은 쉽지 않았지만 그래도 더위에 지친 마음을 확실하게 기분전환 시켜준 일이 있었다. 바로 짝 바꾸기다. 학교에서 기대와 설렘을 갖는 몇 안 되는 이벤트 중 하나다. 과연 누가 나의 짝이 될 것인지 초미의 관심을 기울이며 아이들은 새로운 짝을 만났다.

어느 점심식사 중엔 이런 일도 있었다. 한 아이가 불쑥 "드디어 방학이다" 하고 만세를 부르며 환호하는 것이었다. 얼마나 방학이 기다려졌으면 저럴까 생각했다. 방학이라는 기대가 있기 때문에 아이들 모두 하루를 버틸 수 있고, 더 열심히 생활할 수 있는 것 같다.

한 걸음 더 천천히
간다 해도 괜찮아

우리 학교는 이화여대 교육실습학교이다. 이번엔 이화여대 초등교육과 학생 4명이 한 달 동안 우리 아이들과 함께 생활하게 됐다.

아이들의 교생선생님에 대한 관심이 무척 뜨겁다. 그래서 쉬는 시간이면 이것저것 캐묻기 바쁘고, 점심시간엔 교생선생님들 옆에 딱 붙어서 대화하며 식사한다. 식후엔 같이 산책을 한다. 교생선생님들도 이런 아이들의 적극적인 관심과 반응이 싫지는 않은가 보다. 귀찮을 만도 한데 오히려 환한 미소로 화답한다. 참 보기 좋다.

이런 모습을 보고 한 아이가 나에게 물었다.

"선생님 인기가 급 하락했네요? 서운하시죠?"

내 입장을 생각해주는 기특한 모습에 나도 모르게 입가에 미소가 번졌다. 부모의 입장에서, 자녀들이 해맑은 모습으로 행복해하는데 그걸 기뻐하지 않을 사람이 어디 있겠는가? 나도 역시 그렇다.

1교시 체육시간이었다. (요즘 날씨가 너무 더워 1교시에 체육수업을 한다.) 아이들과 교생선생님 그리고 내가 함께할 수 있는 수업이 없을까 궁리하다가 좀 특별한 시간을 마련했다.

우선 런닝맨 이름표 떼기(SBS 예능프로그램 '런닝맨'의 게임방식 중 하나)를 했다. 최종 생존자들에게는 다음 라운드에서 목숨 2개가 주어지기 때문에 모두가 결사적인 자세로 임했다. 아이들에게 쫓기는 교생선생님도 있었고, 그 반대의 상황도 눈에 띄었다.

이름표 떼기는 생각보다 에너지 소모가 많다. 공격이든 방어든 똑같이 많이 뛰어야 하기 때문이다. 모두들 젖 먹던 힘까지 다해 열심히 뛰어다녔다.

이름표 떼기 게임은 이번이 3번째다. 물론 방송에 나오는 게임을 따라하는 것에 불과하지만 이 게임을 통해 느낀 것이 많다. 특히 자신의 이름을 걸고 선의의 경쟁을 한다는 것이 특별하게 보였다. 그래서인지 비록 뜯겨서 구겨진 이름표지만 아이들은 수차례 손 다림질을 반복했다. 그리고는 그것을 자기 몸에 다시 붙이려고 애썼다.

게임에 임할 때 아이들의 표정이 참으로 예술이다. 기본적으로 미소를 머금고 있다. 순식간에 진지 모드로 바뀌기도 한다. 이름표를 떼는 순간 환호한다. 물론 떼이는 순간 당황하거나 체념하기도 한다. 머리를 감싸 쥐며 안타까워도 한다. 이런 다양한 감정들이 각자의 표정으로 연출된다. 탈락한 아이들은 아쉬움을 뒤로하고 남은 자들의 게임을 응원하며 함께 즐긴다.

물론 잘하는 아이도 있고, 못하는 아이도 있다. 어쩌면 이 게임도 약

육강식처럼 힘의 논리만 있는 비정한 게임으로 보일 수 있다. 그러나 그렇다고 해서 인상을 쓰고 스트레스 받으며 게임에 임하는 아이는 없다. 이름표를 뜯기는 순간 아쉬움은 있지만 그래도 웃는다. 즐기고 있다는 증거다. 이름표를 뜯은 아이, 뜯긴 아이, 뜯고 뜯긴 아이, 최종 생존한 아이도 모두가 짧은 시간 동안 많은 것을 느낄 수 있었던 즐거운 한때였다.

이 사회는 분명 경쟁사회다. 동시에 병든 사회이기도 하다. 토머스 홉스는 인간 사회를 '만인을 향한 만인의 투쟁'이라고 했다. 이제는 그 투쟁이 무한경쟁시대로 확장되기에 이르렀다.

고교시절에 '행복은 성적순이 아니잖아요'라는 영화를 본 적이 있다. 서열화를 지양하면서도 어쩔 수 없이 서열화 되는 이 사회는 어쩌면 모순 덩어리이다.

나는 아이들이 이름표 떼기 할 때처럼 즐거운 마음과 스릴 넘치는 기대감을 가지고 학창시절을 건강하게 보냈으면 한다.

최근 헨리 데이빗 소로우의 대자연의 예찬과 문명사회에 대한 통렬한 비판이 담긴 《월든》을 읽으면서 많은 영감을 받았다.

저자는 세계 최고의 대학인 하버드대를 나왔지만 자신의 신념대로 살았다. 얼마든지 성공가도를 달릴 수 있었지만 자신이 원하는 길을 좇았다. 저자의 신념에 대해서는 평가가 엇갈릴 수 있다. 그러나 우리가 생각하는 성공의 기준이 과연 바람직한 것인지 확인해볼 필요가 있다. 한 번쯤은 손에 있는 일을 내려놓고 멈춰서 고민해볼 문제라고 생각한다. 저자는 오로지 일에 파묻혀 사는 사람들의 비참함을 보았다. 그는 책을 통해 생계를 위해 하루하루 치열하게 살아갈 수밖에 없는 현대인들에게 의미 있는 메시지를 전한다.

나는 스스로 매우 진취적인 사람이라고 생각했다. 일을 회피하기보다는 도전하는 쪽을 주로 선택했기 때문이다. 진취적인 것은 좋은 것이다. 하지만 문제는 욕심이다. 욕심은 우리의 마음을 잡아끄는 강력한 힘이 있다. 때문에 적정선을 지나치기 쉽다. 잠시 쉬어가는 여유마저 잊은 채 일 중독이 된다. 원치 않게 브레이크 없는 기차가 되는 것이다. 멈출 수 없는, 어떻게 멈춰야 하는지조차 모르는 이 기차의 운명은 어떻게 될까? 생각만 해도 끔찍하다.

나는 아이들이 정말 잘 됐으면 좋겠다. 행복기차에 몸을 싣고, 행복을 퍼 나르며 행복에 겨운 삶을 살도록 돕고 싶다. 닥치는 대로 끊임없이 문제를 풀어야 하는 문제풀이기계가 될까봐 걱정이다.

칼 비테는 '훌륭한 교사란 학생들에게 영감을 불어넣어줄 수 있어야 한다'고 하였다. 에디슨도 이 영감의 중요성을 말한 적이 있다. 그래서 나도 아이들에게 늘 '나만의 1% 영감'을 찾도록 가르치고 있다. 그러나 이 영감이란 절대 스트레스 가운데서 만날 수 있는 것이 아니다. 물론 나태와 안일 속에서 만날 수 있는 것은 더욱 아니다. 그것은 깊은 사색과 끊임없는 탐구와 배움 속에서 만날 수 있다.

그러므로 아이들을 무조건 자유롭게 풀어 놓는 것도, 꽉 짜인 스케줄대로 끌고 가는 것도 좋을 것 없다. 소로우는 2년 동안 월든 호수가로 들어가 자연을 벗하며 여유롭게 사색하고, 독서하고, 글을 썼다. 그렇게 19세기 의미 있는 작품을 만들었다. 이렇듯 앞만 보고 뛰어가기보다는 잠시 멈춰 서서 삶을 진지하게 탐구하는 모습이 필요하다. 이를 위해 분주한 마음을 내려놓고 조금은 천천히 살아보면 어떨까? 내가 좋아하는 노래 중에 윤상의 '한걸음 더 천천히 간다 해도'가 있다. 가사처럼 천천히 간다 해도 그리 늦지 않다.

우리는 이름표 떼기 후에 초능력 피구를 했고, 이어서 여왕피구도 했다. 땡볕 아래 아이들의 얼굴은 빨갛게 익어버렸다. 신나게 체육한 후에 나무 그늘 아래 앉아 함께 아이스크림을 먹었다. 아이들에겐 이보다 더 좋을 순 없었을 것이다.

체육시간은 아이들의 지적 능력의 향상과는 거리가 있다. 하지만 아이들의 몸과 마음이 한층 단단해진 느낌이다. 비록 짧은 한 시간이었지만 무엇과도 바꿀 수 없는 소중한 추억이 되었을 것이라 확신한다.

맛있는 수업

　일본의 사토 마나부 교수는 《수업이 바뀌면 학교가 바뀐다》에서 수업이란 '사물, 사람과의 만남을 통한 배움의 활동'이라고 했다. 수업의 외형, 얼마나 조직적이며 발표를 얼마나 많이 하느냐는 그리 중요하지 않다는 것이다. 단순히 발표만 난무하는 허무한 수업에 대해 날카롭게 지적한 부분이 마음에 와 닿았다.

　그래서 나는 아이들이 글 속에서 많은 사물을 만나 대화하고, 창의적인 표현들을 만나 즐거워하기를 기대한다. 또한 그것을 함께 나누는 가운데 왕성한 '배움의 활동'이 일어나기를 기대한다. 글을 읽되 나만의 시선으로 대상을 찾아보고 왜 그렇게 생각했는지 표현해보는 것은 매우 중요하다. 그래서 글 내용을 창의적으로 읽어보고 표현하면서 함께 생각을 나누는 수업을 주로 공개했던 것 같다.

요즘은 융합과 통합이라는 교육적 용어들이 유행하고 있다. 국어시간이라고 해서 국어과적 학습뿐만 아니라, 과학적·수학적 경험을 기대한다. 특히 '창의·인성'은 모든 교과학습에서 아이들이 경험할 수 있도록 요구되고 있다. 더불어 '토의·토론'도 아주 중요한 학습경험이다. 국어과라는 피자도우 위에 창의·인성이라는 토핑을 뿌리고, 토의·토론이라는 접시에 담아 나눠 먹는 맛있는 수업이라고 표현하고 싶다.

한편으로 이스라엘의 교육방식인 하브루타Havruta가 유행이다. 하브루타 예찬론자이신 한 선생님은 자녀들을 하브루타식으로 교육하여 크게 성공을 거두셨다고 한다. 요즘 하브루타 컨설턴트로 활약하고 있다.

얼마 전까지만 해도 나는 이 하브루타가 무엇인지 몰랐다. 그런데 한 선생님이 우리 반의 수업을 참관하시더니 내가 사용하는 짝 활동이 다름 아닌 하브루타라고 말씀하시는 것이 아닌가?

짝 활동은 짝과의 짧은 대화를 하며 자유롭게 서로의 의견을 나누는 시간이다. 이를 통해 나의 생각을 전하는 것은 물론 다른 사람의 생각을 들어볼 수 있다. 몇몇 친구들에 의해 수업이 주도되는 것이 아니라, 모두 참여하여 학습의 주체가 되는 색다른 경험이 되는 것이다.

또, 창의적인 읽기수업방식이 있다. 바로 라우리딩(Loudly+reading=Loureading)이다. 큰 소리로 자유롭게 책을 읽는 것을 말한다. 아이들은 저마다 다양한 방식으로 책을 읽는다. 일어나서 걸어 다니며 읽는 아이, 책상에 걸터앉아 읽는 아이, 칠판에 붙어서 읽는 아이, 마룻바닥에 앉아서 읽는 아이 등 여러 모습이 보인다. 쪼그려서 읽거나 보면대 위에 책을 놓고 흔들어대면서 읽는 아이도 있다. 산만한 듯하지만 자기만의 특별한 방식으로 재미있게 몰입하며 읽는다.

어떤 방식의 수업이든 중요한 것은 교사와 아이 사이의 신뢰와 화목한 수업 분위기가 아닐까 싶다. 이 2가지가 어떤 수업에서든 좋은 시너지 효과를 내게 하는 것 같다. 그래서 나는 아이들을 항상 먼저 생각하고자 한다. 다른 사람 눈에 산만해 보이는 독서 자세라 해도 아이가 즐겁게 몰입할 수 있다면 얼마든지 받아들이려 한다.

이렇게 교사와 아이들 모두 행복할 수 있는 수업이 진정 맛있는 수업이 아닐까?

학부모 공개수업에 가면

어딜 가나 각각의 분위기가 있다. 지역, 가정, 사람에 따라 서로 분위기가 다르다. 사람의 개성만큼이나 분위기도 다양하다.

학교도 마찬가지다. 학급의 분위기도 선생님과 아이에 따라 천차만별이다. 공개수업에 가면 그것을 직접 눈으로 확인할 수 있다.

나는 자유로운 듯하면서 질서가 있고, 질서 속에서 자유를 마음껏 누리는 아이들의 모습이 좋다. 그래서 그런 식으로 학급경영을 하고, 수업도 한다. 아침 몰입독서시간은 엄격한 것 같지만, 산책할 때는 참 자유롭다. 자유롭게 지도한다고 해서 문제될 건 없다. 아이들의 생활이 근본적으로 질서 안에 있기 때문이다. 쉬는 시간에 자유롭게 놀면서도 서로를 존중하는 마음으로 경어를 사용하는 모습은 무척 인상적이다.

나는 수업시간에 여러 가지 주의집중 방법을 사용한다. 첫째, "하나,

둘, 셋!" 하면 아이들은 검지를 입에 대면서 짧게 "쉿!" 하고는 선생님을 바라본다. 그러면 나는 최소 5초 동안은 아무 말도 하지 않은 채 아이들을 바라봐준다.

둘째, 종땡이다. 노란색, 빨간색 하트가 그려진 나무로(노란색 하트는 주의, 빨간색 하트는 경고) 종을 살짝 친다. 절대 크게 치는 법이 없다. 그럼에도 아이들은 그 소리를 어떻게 들었는지 귀를 쫑긋 하며 집중한다.

수업을 하다가 "짝과 함께 이야기해보세요" 하면 평소 수업시간에 입을 열지 않던 아이들도 짝과 이런저런 이야기를 자유롭게 나눈다. 일단 입이 열리면 성공이다. 그럼 공부에 대한 마음문도 열려서 더 열심히 참여하게 되기 때문이다. 누군가로부터 판단 받을 것만 같은 두려움에서 벗어나 속에 있는 것들을 말하게 된다. "헬렌 켈러의 훌륭한 점을 다 같이 말해볼까요?" 하면 술술 거침없다. 물론 어떤 말을 어떻게 하는지 알 수 없다. 하지만 스스로 수업에 참여하는 것이 된다. 말을 한다는 것 자체가 생각을 요하는 것이므로 사고력도 길러진다. 이런 다양한 발표활동이 아이들로 하여금 수업을 지루하지 않도록 하고, 그 가운데 창의적인 생각을 하게 한다.

짝협력활동, 모둠협력활동은 수업 분위기를 역동적으로 만들어준다. 협력이라는 말에서 느껴지듯 함께 힘을 합해서 시너지를 만들어낸다. 선의의 경쟁을 하기도 하고 작은 성공경험을 맛보기도 한다. 사회성을 키우고 친구와의 좋은 추억을 만든다.

공개수업을 참관하는 학부모들의 최고 관심사는 단연 자기 자녀다.

1, 2학년까지는 많이 어리다는 생각이 드는지 부모의 관심은 기본 규칙준수 및 적응 부분에 많다. 3학년 이후엔 아이의 사고력이 커가는 시기이다. 그러므로 얼마나 창의적으로 조화롭게 공부하는가에 관심을 기울여 수업을 참관하는 게 좋다.

공개수업에 가면 나의 자녀만 눈에 들어오기 마련이다. 당연하다. 그러다 보면 자녀의 일거수일투족이 보인다. 딴짓이라도 하고 있으면 사람들 눈치 못 채게 똑바로 하라고 사인을 보내기도 한다. 심지어 어떤 학부모는 수업태도를 낱낱이 분석해서 집에 돌아와 잔소리를 퍼붓기도 한다.

공개수업 참관의 1차적인 목적은 아이들을 응원하는 것에 있다고 생각한다. 부모의 교실 방문으로 인해 더 힘이 나서 열심히 공부하게 되는 것이다. 하지만 아이들은 잘해야 한다는 의무감과 부담감 때문에 학년이 오를수록 부모의 교실방문을 그다지 환영하지 않는다. 그래서 참관하러 오는 학부모의 숫자도 현저하게 줄어드는 것 같다.

자녀의 모습을 있는 모습 그대로 봐주고 인정해주어야 한다.

내 첫째 아들은 1, 2학년 공개수업 때 발표를 한 번도 안했다. 발표하겠다고 손드는 것조차도 하지 않았다. 아이는 너무 소심한 나머지 잔뜩 긴장을 했고 딱딱한 목각 인형처럼 가만히 앉아만 있었다. 소식을 전해 듣는 나도 많이 힘들었는데, 이런 아들의 모습을 본 아내의 마음은 어떠했겠는가? 하지만 절대 비교하지 않았다. 있는 모습 그대로 받아들였다. 무조건 잘했다고 말해주었다. 아들의 편이 되어주었다. 절대 비판하지 않았다. 발표를 안 한 것에 대해 문제 삼지 않을 뿐만 아니라 발표하라고 요구하지도 않았다.

5학년이 되자 기적이 일어났다. 손을 번쩍번쩍 드는 것은 물론, 학습 자체에 대한 관심과 열의가 느껴졌다. 참여하는 모습에 생기가 돌았다고 말하는 아내의 얼굴이 무척 행복해보였다.

그저 믿어주고 기다려주었을 뿐이다. 시간이 좀 걸리긴 했지만 우리의 선택이 옳았다고 생각하니 더 소신을 갖고 자녀를 양육할 수 있었다.

2394년에도 생존한다?

내 첫 소풍을 기억한다. 요즘은 모두 버스를 대절해서 다녀오지만 그땐 걸어서 갔다. 하도 많이 걸어서 다리가 아팠던 기억이 난다. 스릴 있던 보물찾기와 수줍어했던 장기자랑도 떠오른다.

우리 아이들에게 소풍은 '현장체험학습'으로 불린다.

서울에 사는 초등학교 4학년들은 대부분 현장체험으로 '서울투어'를 다녀온다. 남산, 한옥마을, 경복궁, 서대문 형무소, 서울역사박물관이 주된 목적지다. 아쉽게도 아이들의 최대 관심사는 경복궁이 아니다. '버스에서 누구랑 같이 앉는가'이다. 그래서 며칠 전부터 원하는 친구랑 같이 앉게 해달라는 건의를 많이 받았다. 건의가 아니라 간절한 바람이었다. 어떤 아이는 애교까지 부리면서 나를 설득하려 했다. 고민이 되었지만 엄연히 짝꿍이 있는데 짝이랑 같이 가는 것이 낫겠다 싶어 그렇게 결정했다. 아이들 모두 약간 아쉬워하면서도 동의해줘서 고마웠다.

현장학습 며칠 전에 다리를 다친 아이가 있었다. 비교적 많이 걸어야 하는데 과연 갈 수 있을까 걱정되었다. 하지만 아이는 현장학습 당일 만면에 미소를 지으며 나타났다. 등산용 지팡이를 들고 말이다. 누가 시킨 것도 아닌데 자기 스스로 대책을 세운 것이다. 흐뭇했던 건 뒤처질 수밖에 없는 그 친구와 함께해주는 아이들이 있었다는 것이다. '어려울 때 친구가 진짜 친구다'라는 말이 있다. 오늘처럼 친구가 힘들 때 곁에서 친구의 지팡이가 되어줄 수 있길 바란다.

야외에 있는 내내 날씨가 너무 좋았다. 가을 하늘의 청명함과 신선한 가을 공기를 만끽하는 기분은 최고였다. 특히 한옥마을에서 여유 있게 거닐며 선조들의 얼을 느끼고 지혜를 배웠던 시간은 기억에 많이 남는다. 많이 걷긴 했지만 천천히 걸으며 공부도 하니까 세로토닌이 마구 흘러나오는 것 같았다. 학교에서 산책하는 것과는 또 다른 행복이었다. 아이들은 자꾸 배가 고프다고 성화였다. 많이 걸었으니 배가 고플 만도 하다. 한옥마을을 둘러본 후에 우리는 잔디밭에 삼삼오오 모여 점심식사를 했다. 소풍의 묘미는 뭐니 뭐니 해도 친구들과 함께 간식을 나누고, 엄마가 싸주신 맛있는 김밥을 먹는 것이다.

점심식사 후에는 남산의 천년타임캡슐광장에 들렀다. 이 캡슐은 직경 1.4미터, 높이 2.1미터, 무게 2.5톤으로 1994년 11월 29일에 묻혔고 후손들에게 개봉되는 시점은 2394년 11월 29일이다. 계산을 해본 아이들이라면 여기에 온 누구도 그날 존재하지 않을 것이라는 사실을 알았을 것이다. 그런데 한 아이에게 기발한 이야기를 들었다. 20년 후엔 과학의 발전으로 인간의 수명이 비약적으로 늘어나게 되어 개봉을 목격할 수 있다는 것이다.

역시 아이들은 대단하다. 과거 지향적이고 현실에 순응하길 잘하는 어른들과 다르다. 아이들은 미래 지향적이고 꿈 지향적이다. 쉽게 좌절하고 포기할 만도 한데 아이들은 그런 법이 없다. 유치할 수는 있지만 상상력이 무궁무진하다. 제대로 된 날개만 달아준다면 종횡무진 날아다닐 것이 분명하다. 이런 아이들과 함께 있으니 나도 영향을 받는다.

2394년에도 살아있을 수 있다는 희망이 생기니까 너무 기분이 좋았다.

바람 잡는 특공대

　가을 대운동회 날, 재작년처럼 비가 오지 않은 것은 다행스러웠지만 갑작스럽게 추워진 날씨 탓에 많이 떨어야 했다. 이번 대운동회에서는 '100미터 달리기', '바람 잡는 특공대', '달려라 팡팡', '계주'를 제외하고는 아이들의 참여 기회가 많지 않았다. 그럼에도 불구하고 누구 하나 찡그린 표정이 없었다. 우리 반은 홀수 끝 반이라 반 아이들이 청군과 백군으로 나뉘어서 그런지 예측 못한 양측의 응원열기도 흥미로웠다. 서로 열띤 응원전을 펼치는 모습이 나를 미소 짓게 했다.

　점심시간엔 맛있는 주먹밥, 김밥 등을 먹으며 계획에 없었던 장기자랑을 하였다. 소풍 때 야외에서 못했던 것을 운동회 때 한 꼴이 되었다. 아이들은 쑥스러워하면서도 곧잘 노래하고, 춤추며, 장기를 선보였다. 이럴 줄 알았으면 학부모를 모두 교실로 초청할 걸 하는 아쉬움도 생겼다. 아이들의 웃음소리를 들으니 나도 무척 행복했다.

'바람 잡는 특공대'(큰 천을 둘러싼 뒤 들었다 내렸다 하며 공기를 모아 그 공기가 빠져나가지 않도록 바람구멍을 막는 단체게임)가 가장 인상적이었다. 다 같이 똘똘 뭉쳐 바람이 빠져나가지 않도록 온몸으로 친구의 빈자리를 메우는 모습이 어찌나 대견했는지 모른다.

우리 사회의 이곳저곳에서 바람 빠지는 소리가 들리는 듯하다. 한숨 소리도 많이 들린다. 이런 바람도 잡아야겠다. 아이들은 머지않아 이 사회의 주역이 될 것이다. 바람이 다 빠져버린다는 것은 더 이상 소망이 없다는 것이다. 그러므로 바람 잡는 특공대가 우리에겐 필요하다. 더 이상 사람들의 한숨 소리가 들리지 않는 사회를 우리는 희망한다. 생명력을 불어넣어 생기 있게 만드는 특공대가 필요한 이유다. 우리 아이들이 이런 바람 잡는 특공대로 성장해주길 바란다.

어이!

완연한 가을 날씨다. 청명한 가을하늘을 보고 있노라면 우리의 마음도 저 하늘 높이 날아 두둥실 떠다닐 것만 같다.

수업시간에 '가을'하면 무엇이 떠오르는지 물었다. 그랬더니 한 아이가 "가을 남자요!"라고 답을 해서 모두 웃은 적이 있다. 아이들도 가을을 타는 모양이다. 이왕 가을을 타는 거라면 가을을 닮아서 결실을 많이 맺었으면 좋겠다.

가을에 학교에서는 학예회를 준비한다. 학예회를 통해 학부모에게 아이들의 성장한 모습을 보여주는 것이다.

우리 반은 무엇을 할지 아이들의 생각을 물었다. 하지만 무엇을 하든 찬반이 많이 갈렸다. 결국 내가 아이들의 동의를 얻어 결정했다. 제목은 '어이!'였다. '어'렵다고 포기하지 말고, '이'겨내자고 2행시를 만들어서 나름 의미도 부여했다.

아이들이 은연중에 어렵다고 생각하는 것들이 있다. 부정적인 생각이 마음에 있으면 선뜻 도전할 수 없다. 이런 마음속 장애물을 이겨낼수 있어야 한다. 공연을 시작하면 아이들은 '어이!'라고 외치며 사람들에게 인사하고 서로를 응원할 것이다.

우선 '어이'라는 노래에 대해서 소개해야겠다. 모두 잘 아는 크레용팝이 불렀다. 흥겨운 춤과 노랫말이 인상적이다. 특히 '삶을 어떻게 살아갈 것인가?' 하는 문제의식을 불러일으킨다.

다음은 가사이다.

어쨌거나 한 번뿐인 나의 인생, 뭐라고 간섭하지 마라.

한 번 죽지 두 번 죽느냐. 내 뜻대로 갈 때까지 가보자고.

언제부터 내가 이리 약해졌었던가. 왕년에 잘 나갔던 내가 아니었나.

뜨거웠던 가슴으로 다시 한 번 일어나 월화수목금토일 한 번 더 달려봐.

삐까뻔쩍 나도 한 번 잘 살아보자. 블링블링 나도 한 번 잘 살아보자.

…중략…

둥글둥글 둥글둥글 웃으며 살아봐요.

엎어지고 자빠져도 나는 간다. 아무도 나를 막지 못해.

어차피 다 혼자 가는 인생인데 폼나게 한 번 가보자고.

첫째, 어쨌거나 한 번 뿐인 나의 인생

한 번밖에 없는 이 소중한 삶을 어떻게 살아야 하는가?

대학에 다닐 당시, 나에게 과외를 받던 초등학교 5학년 남자 아이가 이런 질문을 한 적이 있다.

"선생님! 어차피 죽을 건데 왜 힘들게 공부해야 하나요?"

나도 그때는 삶에 대해 진지하게 생각해보지 못해서 명확하게 대답해주지 못했다. 참 부끄러웠다. '한 번밖에 없기 때문에 소중하고, 그렇기 때문에 최선을 다해서 살아야 하는 거야'라고 확신 있게 대답해주지 못한 것이 안타깝다.

둘째, 갈 때까지 가보자고, 엎어지고 자빠져도 나는 간다

도전정신을 말하고 있다. 할 수 있다고 믿고 도전하는 것이다. 중간에 예상치 못한 난관이 있을지라도 어찌하든지 해내고야 말겠다는 뚝심이다.

2014아시안게임 야구 결승전이 생각난다. 한국 대 대만의 경기였다. 예선에서 콜드로 이겼기 때문에 얕잡아 보는 면이 없지 않았다. 결국 선취점을 내주고 말았고, 선발 투수였던 김광현의 제구가 잘 듣지 않아 고전했다. 5회까지 좀처럼 실점을 만회할 수 없었다. 겨우 동점을 만들고 역전을 했지만, 곧 뒤집히고 말았다. 이런 흐름이라면 지겠다는 생각이 들었다. 그러다가 8회가 되었다. 우리로선 아웃카운트 6개가 남은 상태여서 이대로 주저앉을 것처럼 불안했다. 하지만 야구는 9회말 2아웃 상황에서도 뒤집히는 경우가 많다. 8회에서 다행히 첫 타자가 안타를 쳤고, 도루와 상대팀의 실수로 주자는 2명이 되었다. 한국 선수들은 바뀐 경기 흐름을 놓치지 않았다. 그렇게 치열한 승부 끝에 극적인

6대 4를 만들었다. 결국 한국은 금메달을 획득했다.

삶은 한 치 앞도 알 수 없다고들 한다. 갈 때까지 가보고자 최선을 다하는 아이들이 됐으면 한다.

셋째, 나도 한 번 잘 살아보자

마치 새마을운동 노래 같다. 요즘은 개인에 따라 어떻게 사는 것이 잘 사는 것인지 다를 수 있다. 저마다 가치관이 다르기 때문이다. 하지만 나만의 가치관을 따라 잘 살아내고자 하는 바람은 모두가 동일할 것이다. 무엇을 하든 자부심을 느끼며 살 수만 있다면 그것이 행운이요, 행복이다. 주눅 들기 쉬운 세상 속에서 아이들이 스스로 기를 펴고 당당하게 잘 살아가길 바란다.

넷째, 둥글둥글 웃으며 살아봐요

사회는 점점 치열해지고 있다. 하루하루 치열하게 살아내지 않으면 경쟁에서 도태될 것만 같다. 그러다 보면 얼굴에서 미소가 사라지고 서로 부딪히며 마음에 상처를 주기 쉽다. 그럴수록 유연한 삶의 자세가 필요하다.

사회시간에 교류를 배웠다. 서로 돕고 교류하면서 친선관계를 맺는 자매결연이라는 것도 배웠다. 모두 일어나서 서로 자매결연을 해보라고 주문했더니 곳곳에서 서로 마주하고 악수하며 나름의 자매결연 의식을 했다. 몇몇 아이들은 나에게도 와서 웃으며 "잘 부탁합니다"라고 말했다. 그래서 나도 "잘 부탁합니다"라고 답해주었다. 교류송을 들으면서는 교류란 넘치는 것은 나눠주고 부족한 것은 채워주는 것이라고 배웠다. 이런 따뜻한 교류가 활발하게 이뤄졌으면 한다. 모두가 둥글둥글 웃으며 유연한 삶을 살아주었으면 한다.

억울상자

우리 반에는 '억울상자'가 있다. 이름처럼 억울한 사연을 넣는 통이다.

3학년 담임을 하면서 아이들의 순수, 명랑, 쾌활함에 매료되어 매일 행복지수가 치솟았다. 하지만 시간이 흐르면서 저마다 본성이 튀어나왔다. 서로 부딪히기 시작했고 민원이 폭주했다. 조금만 문제가 있어도 미주알고주알 나에게 하소연을 했다.

그렇다고 금할 수도 없는 노릇이다. 교사는 아이들의 고충을 들어주고 해결해주어야 할 의무가 있기 때문이다. 그래서 처음에는 다 들어주었다. 귀를 기울였다. 경청의 힘을 배웠기 때문에 실천하는 의미에서 그렇게 했다. 그런데 하루에도 이런 일이 수십 건에 이른다는 것이 문제였다.

할 일은 많고, 아이들은 한둘이 아닌데 (당사자는 그렇지 않겠지만) 사소해 보이는 문제들을 다 해결해주려니 피로감이 몰려왔다. 무엇보다 교사인 내가 해결사로서 역할을 하려다 보니 가해 아이는 꾸중을, 피해 아이는 위로를 해주어야 했는데 여기서 문제가 생겼다. 분명 가해자로서 미안함을 느끼고 반성하는 것이 맞다. 하지만 아이들의 심리가 꼭 그렇지 않다는 것에 문제가 있었다. 꾸중을 들은 아이는 잘못을 인정하지만 왠지 마음 한 구석이 꼬였다. 담임에 대해서 말이다.

문제를 일으키는 아이들은 몇몇 정해져 있는 경우가 많다. 그런데 자주 이런 일을 겪으면 아이들은 선생님을 향해 마음을 닫아버린다. 선생님은 나만 미워한다고 생각한다. 말도 안 되는 일이지만 아이들은 실제로 그렇다.

그러나 곰곰이 생각해보니 이 녀석들이 가엾게 느껴졌다. 나름 선생님께 칭찬 받고 인정받고 싶은 마음이 있다는 걸 안다. 그런데 그게 뜻대로 안 되니까 얼마나 심사가 뒤틀렸을까? 그래서 엉뚱하게 선생님에게 화살을 돌렸던 것이다. '틀림없이 선생님은 나를 나쁜 아이라고 생각하실 거야'라고 생각하는 듯하다. 그래서 매사에 비뚤어진 말과 행동을 했을 것이다. 선생님은 전혀 그렇지 않은데 자격지심이 발동하는 모양이다.

그래서 윈윈전략을 궁리했다. 이귀학의 《선생님도 전략이 있어야 산다》를 읽고 지도 전략을 마련했다. 교사 중 특히 초등학교 교사는 수없이 많은 일들을 수행해야 하기 때문에 전략은 필수다.

궁리 끝에 억울상자를 만들었다. 그리고 '억울함을 해결해주세요!'라는 쪽지를 교실 한쪽에 비치해서 수시로 발생하는 억울함을 풀도록 했다.

우리 반의 아·이·보·배라는 급훈대로라면 우리 반에서 억울한 사람이 발생한다는 것은 있을 수 없는 일이다. 그래서 시간이 있을 때마다 '판단하는 나', '지켜보는 나' 이야기를 통해 급훈을 강조했다.

한번은 아이들의 마음이 정말 궁금해서 이렇게 질문한 적이 있다.

"살다 보면 마음이 힘들 때가 더러 있어요. 여러분은 언제 제일 힘들던가요?"

아이들은 "친구랑 싸웠을 때요", "선생님께 혼났을 때요", "실수했을 때요", "시험 못 봤을 때요" 등으로 대답했다.

"선생님은 억울할 때 제일 힘든 것 같아요!"

라고 말했더니 아이들이 맞장구쳤다.

"선생님은 우리 반에 억울한 사람이 단 한 명도 없었으면 좋겠어요."

라고 목에 힘을 주어 강조했다. 그리고 더욱 단호하게 한마디를 덧붙였다.

"친구를 억울하게 한 사람은 정말 많이 혼나게 될 거에요!"

그렇게 하면 아이들이 알아듣고 잘 따라 주리라 생각했다. 하지만 아이들에겐 알고 있는 것을 실천한다는 게 때로는 많이 힘든 일인가보다. 아직은 자기중심성이 너무 커서 막상 서로 부딪히는 상황에선 상당수가 불법(?)을 행하곤 했다.

그래서일까? 억울상자를 만들자마자 통이 가득 찼다. 무슨 억울함이 그렇게도 많은지. 아이들은 미성숙하기 때문에 쉽게 오해가 생길 수 있다. 아직은 소통능력도 부족하기 때문에 오해를 풀 만한 능력이 없을 것이다. 그렇다 보니 억울함은 쌓이기 마련이다. 하지만 이런 억울함을 종이에 쓰다 보면 마음이 정리되면서, 불만이 해소된다. 이것이 '글쓰기 힐링'이다.

마음속에 있는 부정적인 것들을 쏟아내다 보면 마음이 시원해짐을 느낀다. 정신과 치료도 이런 식으로 한다는 것을 들은 적이 있다. '적자생존'은 무엇인가를 이뤄내기 위해 필요하지만, 스스로의 힐링을 위해서도 꼭 필요한 것 같다.

누군가 억울함을 종이에 써서 억울상자에 넣었다면 아이들은 그 대상이 누구인지 기가 막히게 알아챈다. 누구에게나 촉이 있기 때문이다. 그럼 얼마나 마음이 불편하겠는가? 선생님이 무섭고 안 무섭고를 떠나서 누군가 나를 향해 억울한 마음을 품고 있다는 것은 아이에게 꽤 부담이 된다.

그래서인지 억울상자를 실시한 이후로 신기한 일들이 벌어졌다. 가해 아이가 피해 아이를 찾아가서 마음을 풀어주는 것이다. 억울상자의 개봉은 매주 금요일 마지막 시간에 하는데, 그것은 마치 유예기간과도 같다. 그전까지 알아서 화해하는 모습들이 여기저기 눈에 띈다.

물론 다 그런 것은 아니다. 시간이 지나가는데도 친구의 억울함을 눈치 채지 못하는 무딘 아이도 있다. 그런 경우엔 직접 이야기해줘야 한다. 대화를 시도하는 것이다. 대화를 통해 오해임이 드러나기도 한다. 그럼에도 불구하고 해결되지 않을 때 문제는 커진다. 공론화되어서

망신을 당할 수도 있기 때문이다. 그래서 아이들은 웬만하면 사과하고 용서하려 한다. 이런 일련의 과정을 통해 문제해결능력, 소통능력, 배려하는 마음 등이 자라난다.

갈등이 생기면 즉시 우리 뇌 속의 아미그달라가 흥분한다. 화를 참을 수 없는 것이다. 그래서 자기도 모르게 물리적으로 해결하고자 한다. 그런데 종이 위에 글을 쓰는 동안 신기하게도 화가 가라앉는다. 아미그달라의 수명은 90초이기 때문에 그 순간을 잘 넘길 수 있도록 가르치면 된다. 더 이상 문제가 크게 확대되지 않는다. 이미 마음이 어느 정도 풀린 상태이기 때문에 화해의 손길을 살짝만 내밀어도 금세 용서를 받아들인다.

그래서 정작 금요일에는 교사가 이러쿵저러쿵 묻고 따지고 호통 칠 일이 거의 없다. 설령 있더라도 담임은 쪽지를 읽기만 한다. 많은 친구들이 증인인 경우가 대부분이기 때문에 거짓이 감히 끼어들지 못한다.

아무리 간 큰 아이라도 억울상자에서 자신의 이름이 거듭 거론된다면 어떨까? 그 부담감이란 경험해보지 않고는 모를 일이다. 일단 아이들은 자신의 잘못된 행동을 삼간다. 여전히 잠재된 문제 행동이 있을지라도 지속적으로 주의를 받으면 고치려고 한다. 그리고 어느 순간 스스로 변화하게 된다.

한편, 억울상자에서 개봉한 내용들은 교사에겐 생생한 학생이해자료가 된다. 상담 자료로 활용할 수도 있다. 꾸준히 억울상자 속 쪽지의 대상이 되는 아이들을 주의 깊게 보게 되고, 해당 아이와 상담을 통해 잘못된 행동을 같이 고쳐나갈 수 있다.

아이들은 억울상자를 매우 좋아한다. 자신을 위한 교실에 있는 변호사 같다고 한다. 때로는 빨리 억울상자를 열자고 조르기도 한다.

아이들은 무엇이 옳고 그른지 이미 다 알고 있다. 다만 성숙하지 못한 내면과 자기중심성 때문에 고집을 피울 뿐이다. 이런 아이들의 마음을 잘 이해하고, 나아가 활용할 수 있는 교사만의 전략을 세울 필요가 있다.

아름다운 알림장

이민규 교수는 《내 인생을 바꾸는 긍정의 심리학, 행복도 선택이다》
에서 '불행이란 잘못 보낸 시간의 보복이다'라고 하였다. 또, '삶이란 우
리 인생 앞에 어떤 일이 생기느냐에 따라 결정되는 것이 아니라 우리
가 어떤 태도attitude를 취하느냐에 따라 결정된다'라고 하였다.

우리는 그동안 알림장 두 줄 GPS 쓰기를 통해 행복하고자 노력했
다. 그 노력은 지금도 계속되고 있으며 앞으로도 계속될 것이다. 다음
은 아이들의 행복한 깨달음을 담은 아름다운 두 줄이다.

◈ 어제 완전 준비하여 오늘은 일기장, 알림장, 책꿈을 다 냈다. 그래서 기분
  이 좋다. 매일 준비해서 학교에서 기분 좋게 하자.

◈ 마음을 바다처럼 넓게 만들려면 아픔을 견디고 마음을 찢어야 한다고 배웠
  다. 나도 마음을 찢어보고 바다 같은 넓은 마음을 가져야겠다.

◈ 체육시간에 오랜만에 피구를 했는데 중간에 넘어지고 말았다. 나는 내가 빠져서 불리해지면 어쩌나하고 보건실에 가지 않았다. 결국 피가 철철 났다. 다음에는 나를 먼저 생각해야겠다.

◈ 오늘 과학시간에 현무암과 화강암에 대해 집중적으로 관찰했다. 현무암의 구멍처럼 다크호스가 되지 않고, 화강암처럼 사람들의 마음에 기쁨을 채워주고 싶다.

◈ 오늘 몰입독서시간에 고려사 5권을 다 읽었다. 아침 몰입독서시간을 더 잘 활용하고 싶은 마음이 생겼다. 더 깊은 몰입상태에 빠져볼 것이다.

◈ 오늘은 산책을 나갔다. 신나고 즐거웠다. 즐겁게 말하고 행동하는 사람이 더욱 즐거워진다는 것을 깨달았다.

◈ 체육시간에 제기를 5번 이상 차는 미션(?)을 우리 반 전체가 했다. 오늘 드디어 나의 한계를 뛰어넘을 수 있는 절호의 기회라고 생각했다. 거듭 도전할 때 성취할 수 있음을 배웠다. 결국 나는 8번 찼다.

◈ 제기 발야구를 했다. 오늘은 졌지만 승패를 떠나 매우 재미있었다. 승패를 떠나도 신날 수 있다는 걸 알게 되었다.

◈ 미래일기를 썼다. 뉴욕패션스쿨에 다니는 나를 생각하니 기분이 좋아졌다. 꿈꾸는 사람이 아름답다는 말이 사실인가보다.

◈ 자리를 바꿨다. 좋은 리더가 되려면 먼저 짝부터 잘 대해야 하는데, 짝에게 친절하게 대하고 사람의 마음을 읽을 줄 아는 리더가 되고 싶다.

◈ 음악을 했는데 너무 재미있었다. 왜냐하면 내가 작곡을 했기 때문이다. 마치 작곡가가 된 느낌이었다. 내가 무엇인가를 할 수 있다는 게 재밌다.

◈ 걸레를 가져오지 않았다. 그래서 결국 우리 모둠이 청소를 하게 되었다.

'나 하나쯤이야'라는 생각이 어리석은 것임을 깨닫는 기회가 되었다.

◈ 생각해보면 아이들이 공부를 좋아하는 것 같지 않다. 나는 그런 아이들한 테 해주고 싶은 말이 있다. 바로 재미, 흥미 그리고 목표를 가지고 공부를 하라는 것이다.

이런 GPS 활동은 긍정을 생활화하기 위한 활동이다. 무엇이든 긍정 으로 해석하면 상황에 끌려 다니지 않고 상황을 주도할 수 있다.

마하트마 간디는 다음과 같이 말했다.

항상, 긍정적으로 생각하라. 왜냐하면 생각은 당신의 말이 되기 때문이다.

항상, 긍정적으로 말하라. 왜냐하면 말은 행동이 되기 때문이다.

항상, 긍정적으로 행동하라. 왜냐하면 행동은 습관이 되기 때문이다.

항상, 긍정적인 습관을 갖도록 하라. 왜냐하면 습관이 가치가 되기 때문이다.

항상, 당신의 가치가 긍정적이 되도록 하라. 왜냐하면 그 가치는 당신의 운명이 되기 때문이다.

1%만 바뀌도 인생이 달라진다는 말처럼, 우리 아이들의 부적절한 사고와 행동 패턴을 바꿔 꾸준히 실천한다면 분명 좋은 변화가 일어날 것이다.

저녁식사시간 또는 주말에 온 가족이 오순도순 둘러 앉아, 오늘 있 었던 이런저런 일들에 대해 이야기를 나누면서 우리 가족만의 긍정 GPS를 찾아보길 바란다.

유종의 미

학교의 2월은 대개 어수선하다.

겨울방학을 마치고 개학을 하면 또 얼마 있지 않아 학년말 방학을 하기 때문이다. 교과진도 또한 대부분 마무리되었기 때문에 딱히 배울 내용이 없을 때도 있다. 물론 진도를 일찍 끝내고 나머지 시간엔 여유롭게 다른 활동을 해도 나쁘지는 않다. 하지만 경험상 그것은 더욱 아이들로 하여금 들뜨게 만든다. 평상심을 잃고 소중한 시간을 무의미하게 보내기 쉽다. 그래서 나는 이벤트와 교과진도를 적당히 조율하면서 마지막 주를 맞이하곤 한다.

여전히 아침 몰입독서의 열기는 뜨겁다. 최근에 도덕숙제를 아침시간에 하느라 꾸중을 듣기는 했지만, 1년간 꾸준히 연습해 온 몰입독서의 습관은 생각보다 강력하게 뿌리내리고 있었다. 새 학년이 되면 자연스럽게 잊힐 수도 있겠지만 앞으로 이 습관이 '평생 행복 몰입독서'로 이어졌으면 하는 바람이다.

수학은 과목의 특성상 방학 전에 진도를 마쳤다. 이후엔 아이들에게 수학적 사고력과 집중력을 심어주기 위해 '끙끙훈련'을 진행했다. 훈련이라고 해봐야 10여 개의 경시대회 문제를 풀어내는 것이 다이다. 하지만 방식을 좀 달리하여 함께 경쟁하듯 공부해보았다.

김상운 씨는 《1등의 기술》에서 경쟁이 효율을 높인다고 했다. 경쟁이 무조건 나쁜 것만은 아니다. 경쟁적인 것이 문제지 적절한 경쟁은 아이들을 깨어 있게 하고, 효율적으로 공부하게 하기 때문이다.

다음은 경쟁으로 효율을 높였던 수학훈련 내용이다.

1단계: 문제 풀기

20분의 시간을 주고 다섯 문제를 풀게 했다. 일명 수학대전數學大戰에 대해 설명해주었다. 그 때문인지 아이들이 집중하며 문제를 해결하기 위해 최선을 다했다. 불꽃 튀는 아이들의 승부욕을 볼 수 있었다.

2단계: 모르는 문제 묻고 가르쳐주기

우리 모둠이 반드시 이겨야 한다는 공통의 목표가 있기 때문에 우정이 빛을 발하는 순간이다. 아이들은 적극적으로 친구들을 도와준다. 이런 과정 속에서 지적 자극이 일어난다. 수학적 지식뿐만 아니라, 수학을 대하는 태도와 수학의 가치에 대해 배운다.

3단계: 모둠 대항 대결

반 전체가 동시에 모둠 대항을 시작한다. 모둠 간 짝을 이뤄 일대일 배틀을 한다. 서로 문제를 풀어보게 해서 성공 여부를 지켜본다. 제대로 문제를 풀고 설명하는 쪽이 승리한다. 일대일 결과가 집계되면 모둠의 승패도 결정된다.

이렇게 3단계 수학대전을 3차례 했더니, 아이들의 승부욕이 하늘을 찔렀다. 여기저기에서 재미있다는 소감들이 들려왔다. 주입식 공부가 아니라 상생하는 자기주도적인 공부가 얼마나 중요한지 깨달았다.

이처럼 인생을 사는 데 있어 순간순간 깨달음이 필요하다. 결심도 필요하다. 아이들의 마음은 깨달음을 통해 성장한다. 위인들이 가르쳐 준 교훈들이 아이들에게 깨달음이 되어, 진지한 결심으로 이어진다면 얼마나 좋을까? 아마 그동안 깨달음을 위해 많은 생각과 고민을 했을 것이다. 결과물이 어떠하든 이런 과정 자체가 훌륭한 훈련이 되었으리라 확신한다.

아이들이 건강하게 성장하기 위해서는 1000럭스 이상의 햇빛을 받아야 한다고 한다. 나는 이를 위해 더위는 물론이고, 추위에도 굴하지 않는 체육활동을 강조했다. 얼어붙은 땅 위에서 땀 흘리며 체육을 했던 기억들이 새록새록 떠오른다. 참 소중한 추억이다.

아이들을 진급시키고 나면 마음이 허전하다. 그래도 적은 힘이나마 아이들의 건강한 성장에 일조했다는 생각이 들어 한편으로는 뿌듯하

다. 학교에서 복도를 오가다 보면 담임을 맡았던 아이들을 많이 만난
다. 그리고 그들의 셀 수 없이 많은 인사를 받게 된다. 마치 내가 유명
인사라도 된 것 같다. 손 인사하랴, 하이파이브로 답례하랴 참 바쁘다.
지금 이 아이들도 곧 이렇게 되겠지.

　내가 할 수 있는 마지막 힘까지 다 내어주고 싶은 마음이다.

돌아보면…

아이들과 헤어져야 할 시간이 다가오고 있다. 세월이 화살과 같이 빠름을 매년 느끼지만, 이렇게 빠를 줄은 몰랐다. 뭔가 특별한 1년이 되었으면 하는 바람이 간절했는데 역시 아쉬움이 많이 남는 것은 어쩔 수 없나 보다.

'성공적인 아이는 훌륭한 스승을 얼마나 많이 만나느냐에 달려있다' 는 말을 기억한다. 아이들의 인생에 의미 있는 영향을 주고자 노력했지만, 여전히 부족하기만 하다. 나야 개인적인 발전의 계기로 삼으면 그만이지만, 소중한 아이들의 인생에 혹시 누가 되지는 않았는지 조심스런 마음뿐이다. 그럼에도 학부모들의 변함없는 응원과 따뜻한 격려로 무탈하게 1년을 보내게 되어 감사하다.

이 책은 '에듀레터'라는 이름으로 내가 조금씩 써왔던 편지들을 모은 것이다.

에필로그에 담은 이 편지가 마지막 편지가 될 것 같다. 너무나 부족한 글을 보내드려 부끄럽기도 했지만 태어나서 처음으로 이렇게 글을 쓰면서 많은 생각들이 정리되었다. 조금이나마 아이들의 교육을 위해 더 생각하고 고민할 수 있어 좋았다. 지금도 키보드를 두드리는 나의 손끝에서 조촐하게 묻어나는 행복감이 간질간질하다. 문득 나는 참 행복한 사람이라는 생각이 든다.

위인전 읽기 프로젝트를 시작하면서 스스로도 잘 될 수 있을까 반신반의하는 마음이 있었다. 다행히 학부모들의 적극적인 지원과 호응으로 무사히 50여 명의 위인들을 만날 뿐만 아니라 그들의 삶에 대해 아이들과 토론할 수 있었다. 저마다 차이는 있었겠지만 반 전체가 함께한다는 것이 좋았다. 혼자였다면 쉽지 않았을 것이다.

함께하니까 훨씬 동기부여가 되고 선한 경쟁이 이뤄졌다. 아이들이 만났던 수많은 위인들이 아이들의 꿈의 여정에 훌륭한 멘토로 함께하길 기대한다. 앞으로도 위인전, 평전, 훌륭한 사람들의 이야기 등을 많이 접할 수 있으면 좋겠다.

마지막 위인을 선정하는데 아이들이 글쎄 나를 추천하는 게 아닌가? 당황스러웠지만 기분은 좋았다.

경어쓰기이벤트가 생각난다. 문자언어실험을 통해 언어사용이 얼마나 중요한 것인지 공감하면서 시작한 이벤트였다. 6학년의 경우, 일주일에 하루 정도 경어데이를 했는데, 이번엔 아예 학교생활 전체를 경어로 살면 어떨까 생각했다.

조금은 무리한 듯 보이는 실험적인 도전이었다. 분위기가 너무 어색해지는 것은 아닐까? 아이들의 언어사용을 담임인 내가 너무 제한하는 것은 아닐까? 고민도 했었다. 하지만 갈수록 거칠어지는 관계를 개선하고, 치료하기 위해서는 뭔가 파격적인 프로그램이 필요하다는 판단을 했다. 시행착오를 많이 겪긴 했지만 기대 이상으로 아이들이 잘 따라주었다. 앞으로 이 훈련의 경험들이 아이들의 마음에 자양분이 되어 훌륭한 인간관계를 만들어갈 수 있었으면 한다.

R=VD(생생하게 꿈꾸면 현실이 된다)를 내가 너무 강조해서인지 1년 동안 꿈이야기만 했던 것 같다. 지금 사회는 평생직장의 개념이 사라지고, 늘 새로운 도전과 성취 속에서 살아야 하는 시대가 되었다. 이런 분위기에서는 생생한 꿈꾸기와 꿈 체력이 절실하다. 상황이 어떠하든 꿈을 좇는 삶에 행복이 있기 때문이다. 1년 동안 적지 않은 꿈의 씨앗들이 아이들의 내면에 심겼다. 부모도 전폭적인 꿈 지원자이자, 꿈 동지가 되어주길 바란다.

GPS(깨달음)는 꿈의 여정에 꼭 필요한 준비물로서, 가치관 교육의 일환으로 진행됐다. 1년 동안 아이들의 삶에 위대한 자극이 되고, 방향이자 동력이 될 수 있는 많은 GPS들을 생각해 보았다. 남은 기간 아이들 내면에 GPS가 깊이 자리 잡길 바란다.

아이들은 이제 곧 성인 못지않게 성장할 것이다. 천 번을 흔들려도 쓰러지지 않도록 아이를 붙들어줄 새로운 GPS들의 출현을 기대해본다.

이런저런 생각을 해보니 아이들에게 받은 것이 너무나 많다. 나를 담임으로 받아주고, 지지해주고, 사랑해주고, 늘 진지한 자세로 귀 기울여 주었다. 아이들의 순수한 마음들이 1년 동안 나를 행복하게 했다. 지치고 힘들 땐 큰 힘과 위로가 되었다. 학급을 맡아 아이들과 함께하다 보면 미운 녀석 한 명 있기 마련이라고 하는데 나는 전혀 그렇지 않았다. 아이들을 바라보고 있노라면 참 흐뭇하다.

이제 아이들은 또 다른 꿈 둥지에서 1년을 보낼 것이다. 나름 성장한 모습으로 꿈을 향해 나아가는 우리 아이들을 힘차게 응원한다.

"얘들아, 앞으로도 꿈꾸며 살자. 우리의 꿈은 지치지 않으니까. 파이팅!"